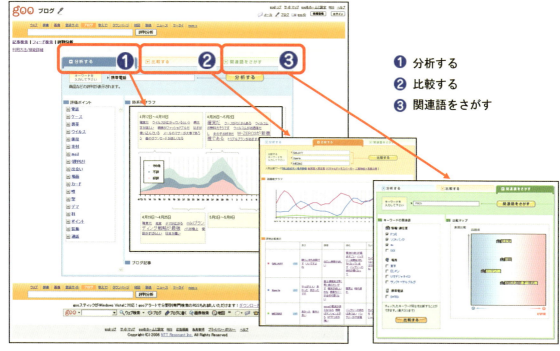

図 0.1　goo 評判分析サービス【本文図 2.2】

ストーリー	★★★★★ 2.5
出演者	–
ビジュアル・音楽	★★★★★ 4.0
作品テーマ	★★★★★ 3.8

出典：goo 映画 ネットの評判

図 0.2　対象物属性クラス毎の好評度【本文図 8.3】

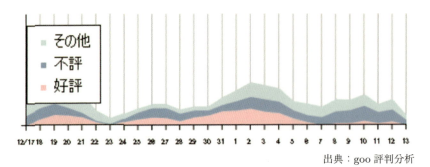

出典：goo 評判分析

図 0.3　時系列評判推移グラフ【本文図 8.5】

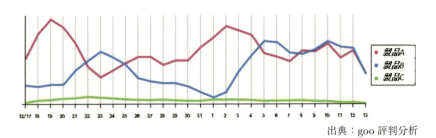

出典：goo 評判分析

図 0.4　時系列話題度比較グラフ【本文図 8.7】

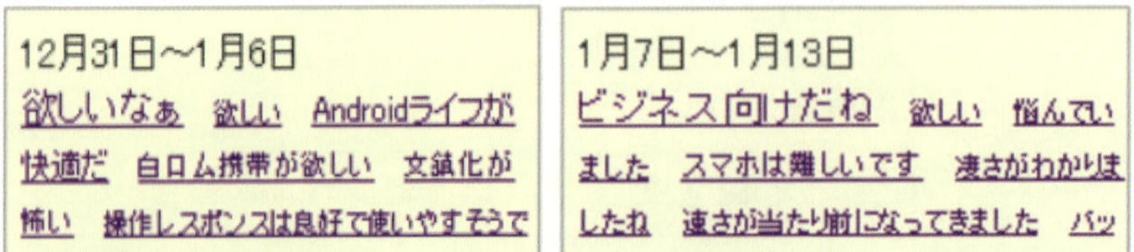

出典：goo 評判分析

図 0.5　評判タグクラウド表示【本文図 8.11】

出典：goo 評判分析

図 **0.6** 対象物のクラス分類表示【本文図 8.20】

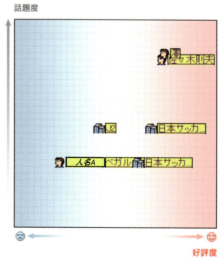

出典：goo 評判分析

図 **0.7** 関連語マップ表示の具体例【本文図 8.22】

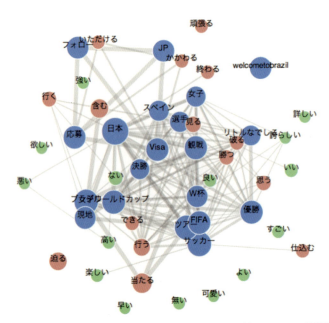

出典：ソーシャルメディア解析ツール Social Insight 新バージョン説明資料
http://social.userlocal.jp/

図 0.8　対象物のネットワーク表示の具体例【本文図 8.24】

NLP *The Association for Natural Language Processing*

実践・自然言語処理シリーズ

一般社団法人 言語処理学会　編

編集委員：
佐藤理史・菊井玄一郎・関根　聡
山本和英・乾健太郎・森　辰則

第6巻 クチコミ分析システムの作り方

松尾義博・富田準二　著

近代科学社

◆ 読者の皆さまへ ◆

平素より，小社の出版物をご愛読くださいまして，まことに有り難うございます．

㈱近代科学社は 1959 年の創立以来，微力ながら出版の立場から科学・工学の発展に寄与すべく尽力してきております．それも，ひとえに皆さまの温かいご支援があってのものと存じ，ここに衷心より御礼申し上げます．

なお，小社では，全出版物に対して HCD（人間中心設計）のコンセプトに基づき，そのユーザビリティを追求しております．本書を通じまして何かお気づきの事柄がございましたら，ぜひ以下の「お問合せ先」までご一報くださいますよう，お願いいたします．

お問合せ先：reader@kindaikagaku.co.jp

なお，本書の制作には，以下が各プロセスに関与いたしました：

・企画：小山　透
・編集：高山哲司
・組版：加藤文明社（LaTeX）
・印刷：加藤文明社
・製本：加藤文明社（PUR）
・資材管理：加藤文明社
・カバー・表紙デザイン：川崎デザイン
・広報宣伝・営業：山口幸治，東條風太

本書に記載されている会社名・製品名等は，一般に各社の登録商標または商標です．本文中の Ⓒ，Ⓡ，™ 等の表示は省略しています．

・本書の複製権・翻訳権・譲渡権は株式会社近代科学社が保有します．
・ JCOPY 〈(社)出版者著作権管理機構 委託出版物〉
　本書の無断複写は著作権法上での例外を除き禁じられています．
　複写される場合は，そのつど事前に(社)出版者著作権管理機構
　（https://www.jcopy.or.jp，e-mail: info@jcopy.or.jp）の許諾を得て
　ください．

実践・自然言語処理シリーズ
刊行にあたって

　現在の情報社会において，コンピュータ・アプリケーション（アプリ）やそれらによって実現されるサービスの多くは，なんらかの形で，日本語や英語で書かれたデータ，すなわち**自然言語データ**を扱っています．たとえば，Google に代表されるウェブ検索では，入力キーワードは自然言語データで，検索対象となるウェブページの大半も自然言語データです．Apple の Siri に代表される秘書機能アプリの入力インタフェースは音声ですが，システムの内部では，入力音声をテキストに変換し，そのテキストを処理しています．具体的には，ユーザーの要求をテキストから引き出し，その要求に合った情報を探し，得られた情報をテキスト形式の回答にまとめ，最後に音声に変換して出力します．自然言語データを巧みに処理するための技術である**自然言語処理技術**は，知的なアプリやサービスを実現する必須の技術となりつつあります．

　本シリーズでは，

- どのようなシステムで，どのような自然言語処理技術が使われているか
- 自然言語処理技術によって，どのようなシステムが実現可能か
- 自然言語処理技術は，社会とどのようにつながっているか

といった疑問に答えることを念頭に，自然言語処理を使ったアプリやサービスを作るという観点に立って，それらを実現するための理論や技術，および，実装に関するノウハウを示します．このような方針に基づき，本シリーズでは原則として，まず具体的なシステムや応用例を示し，次にそれらに関する理論や技術，実装のノウハウを示すという，普通とは逆の構成を採用します．

　本シリーズが主な読者として想定しているのは，自然言語処理を使ったアプリやサービスの実現を目指す技術者や開発者です．自然言語処理の研究者や技術者を志す学生，あるいは，メディア関連分野の技術者・開発者にとっても，実践的に役立つ情報が書かれています．

　「ことば＝自然言語」は，我々の知的活動と密接に結びついています．「ことば」を攻略することが，人間の知的活動を支援するシステムの実現の鍵であると言っても過言ではありません．本シリーズが，より知的な新しいアプリやサービスを考えるヒントとなることを願ってやみません．

言語処理学会「実践・自然言語処理」編集委員会

まえがき

　Web2.0 という語が使われ始めたのは 2005 年ごろのことでした．この概念の重要な要素の一つとして，情報の発信者が広く拡大したことが挙げられます．それまでの情報流通では発信者と受信者が固定的で，情報の発信者は出版社や公共団体，企業など一部のプロフェッショナルな参加者に限られ，大多数のウェブ利用者はそれをブラウザで閲覧するだけであったのが，ブログや掲示板などのサービスの発明・普及に伴って，誰でも発信者の役割を持てるようになってきました．

　ブログや掲示板のようなメディア（媒体）は，**消費者生成メディア** (Consumer Generated Media; **CGM**) と呼ばれ，そこに掲載されるコンテンツはユーザー生成コンテンツ (User Generated Contents; UGC) などと呼ばれます．これらの呼称は，従来のメディアとコンテンツが，プロフェッショナルな供給者が制作したものにほぼ限られていたことと対比されており，情報発信者としての消費者（ユーザー）が登場したことを端的に表しています．

　これと似た概念として，**クチコミ**（口コミ）という言葉があり，こちらは CGM の登場よりずっと前から使われています．クチコミとは，「人の口から口へと個別的に伝えられるコミュニケーション」[1] のことで，メディアの力を借りることで大勢に情報を伝達するマスコミュニケーション（マスコミ）との対比概念です．つまり本来，クチコミとはマスでないコミュニケーションであり，その伝播には人から人への局所的な伝達の繰返しが必要だったのが，CGM という媒体を得ることで，空間的・時間的制約を超えて大規模かつ瞬時に情報伝達がなされるようになったものが，Web2.0 以降のクチコミと言えるでしょう[1]．

　本書で扱うのは CGM 時代のクチコミ，すなわち，誰でもマスに向かって発信することができるテキストメッセージです．CGM によって情報発信が一般市民に開放されたことはその後の世界に大きな影響を与えました．いくつかの国の政変はそのきっかけがツイッター (Twitter) などのソーシャルメディアと言われていますし，予想外の政権の登場も，意見が極端化しやすいネット言論が影響を与えていると言われています．情報発信者の大衆化は，今後当然のものとして定着していくことでしょう．

　コミュニケーションのもう一方の当事者である，CGM 情報の受取り手の

---

[1] 「クチコミ」は大宅壮一氏の造語と言われています．文献 [2] によると，元来は，テレビ・ラジオの普及によって登場した，口頭による大衆へのマスコミュニケーションのことでもあり，それまで主流であった活字マスコミュニケーションと対比させた言葉だったようです．

視点で考えてみましょう．

受信者の視点で考えると，これまでは一部のプロフェッショナルな情報のみが入手可能だったところが，幅広い書き手のメッセージを容易かつ大量に受信することができるようになったと言えます．見ず知らずの個人のメッセージを，あたかもマスメディアのコンテンツのように楽しみ，活用することができるようになってきました．

CGM のコンテンツ（記事）には，マスメディアコンテンツとは違った価値が含まれている可能性があります．それは主として幅広い書き手という点からもたらされるもので，CGM では，マスメディアでは扱い切れなかった幅広い事物を対象に，多様な視点と多様な見解が述べられています．ニッチな情報を求めている読者，多様な見解を知りたい読者にとっては，CGM は格好の情報源となります．そして，幅広い書き手の存在は CGM 独特の価値を生み出す源泉であるとともに，マスメディアの受信では不要だった新たなテクニックを読み手に求めることにもなりました．

幅広い書き手の存在により，CGM では全体を見渡す編集者を置くことが困難です．編集者の編集工程が不要なので幅広い書き手が活動できる，と逆に考えることもできます．マスメディアであれば，コンテンツが出版される前に構成を整えたり，掲載内容の取捨選択をしたりするプロセスが入りますが，CGM では一般にはブロガーなどの著者が自由にコンテンツを作成し，特にチェックを受けることなく掲載されます．編集プロセスを経ないことから，それぞれのコンテンツはあまり整理されておらず，目次のようなものも存在しません．読者はこれらコンテンツを，例えば時系列に読むか，お気に入りの著者単位で読み進めます．

では，特定の着眼点を持って，読みたい記事を入手するにはどうすればよいでしょう？ 一つの強力な手段はキーワード検索です．例えば，ある商品名で CGM を検索すると，その商品名を含んだ記事が集まってきます．また，ある時期からソーシャルタギングという技術も普及し，著者が積極的に，何のテーマに関する記事かをタグの形で記述する習慣も定着してきました．目的に沿った記事を集めるにはどちらも便利な手法で，実際に大勢のユーザーが検索という手段によって読みたい文書を入手しています．

ある着眼点での記事が集まると，次に，全体としてこれらはどんなことを言っているのだろうと俯瞰したくなるかもしれません．検索された記事は個々の意見として，全体としてはどんな意見か，すなわち「みんな」の意見を知りたいとしたら…？

本書では，CGM コンテンツを横断的に集めていろんな軸で集約してみると，どのようなことが分かるだろうか，どんなうれしいことがあるだろうか，ということについてまず述べます．こういった集約を自動的に行うことで CGM 分析の手助けをするシステムを本書では「クチコミ分析システム」と呼びます．そして，クチコミ分析システムを構築するにあたって必要となる技術と，どのようなポイントに留意すべきか，どのような集約機能が用意されていると分析作業に役立つかについて議論したいと思います．

本書の構成は次のとおりです．

まず第 1 章〜2 章で，クチコミ分析システムをどのような方針で組み立てていくかを検討します．第 1 章では，クチコミ分析システムは何に使われるのか，システムのユーザーは何をしたいのかを論じ，第 2 章で，システムの基本的な構成とその実現例を述べたいと思います．

第 3 章〜8 章では，クチコミ分析システムを構成する各パートの作り方を説明します．第 3 章では，分析対象のデータ（クチコミコンテンツ）の性質を論じ，その収集方法とクリーニング手法，および，留意すべき権利関係について紹介します．引き続いて，集まったクチコミコンテンツを解析し意味情報を抽出する技術について議論します．まず第 4 章でどのような意味構造とすべきかを議論し，続いて第 5 章で個々の解析・抽出パーツについて述べます．第 6 章では集約結果をテキストで表現する技術について述べ，第 7 章では意味情報を蓄えるデータベースとデータベース上での集約処理について論じます．第 8 章では集約された結果を可視化するための可視化技術について述べます．

最後に第 9 章にて「クチコミ分析システムのレシピ」を整理したいと思います．クチコミ分析システムにはいろいろな形態が考えられ，その形態によって必要となるパーツのラインナップや求められる実現レベルが変わってきますので，作りたいシステムに照らし合わせて取捨選択の参考にしていただければと思います．

本書の執筆は，2.3 節を除く第 1〜6 章と第 9 章を松尾が担当し，第 7〜8 章と 2.3 節を富田が担当しました．

本書の出版にあたっては，次の方々にお世話になりました．編集委員の菊井玄一郎教授には，本書の構成の段階から長きに渡って大変重要なご意見・ご指導をいただきました．佐藤理史教授には，本書の執筆をお誘いいただき，また，全編を通して細部まで多くの有益なコメントをいただきました．小林

のぞみ氏，西川仁氏，浅野久子氏には，草稿をお読みいただき数多くの的確なコメントをいただきました．また，本書記載技術の開発においては，NTT研究所，NTTレゾナント，NTTアドバンステクノロジのみなさまに大変お世話になりました．厚く御礼申し上げます．

2019 年 5 月
松尾義博
富田準二

目　次

まえがき v

第1章　クチコミ分析の目的　　　　　　　　　　　1

1.1　商品供給者の視点で 1

   1.1.1　商品の分析をしたい 2

   1.1.2　広告効果を測定したい 2

   1.1.3　意思決定材料を整理したい 3

   1.1.4　分析結果を再発信したい 3

   1.1.5　商品改良のアイデアを集めたい 4

   1.1.6　クチコミを効率的に読んで分析したい 4

1.2　消費者の視点で 5

   1.2.1　購買サポート 5

   1.2.2　意思決定支援・行動サポート 7

   1.2.3　身近な課題の解決 8

   1.2.4　クチコミを楽しむ 8

1.3　流通・メディアの視点で 9

   1.3.1　商品流通の促進 9

   1.3.2　クチコミ情報の流通 9

1.4　この章のまとめ 10

第2章　クチコミ分析システムの構成　　　　　　11

2.1　クチコミ分析システムの要件 12

2.2　典型的な構成 13

2.3　クチコミ分析サービスの例 16

2.4	この章のまとめ	17

第3章　クチコミを収集する　　19

3.1	クチコミ分析の対象とそれぞれの特徴	19
	3.1.1　特定のテーマがあるメディア，テーマがないメディア .	20
	3.1.2　対話メディアとモノローグメディア	21
	3.1.3　特定少数に向けたメディア，不特定多数に向けたメディア	21
	3.1.4　匿名のメディア，ID のあるメディア	22
	3.1.5　集中した権利者がいるか，個々人が権利を有しているか	23
3.2	CGM コンテンツの収集	23
	3.2.1　RSS フィードによる収集	24
	3.2.2　API による収集	24
	3.2.3　ウェブクローラーによる収集	25
3.3	スパムとマルチポストの検出	25
	3.3.1　スパム記事の検出	26
	3.3.2　複製記事の検出	27
3.4	CGM コンテンツの権利処理	31
	3.4.1　サイトごとにどんな権利タイプがあるか	32
	3.4.2　どんな規定を考慮に入れるべきか	32
3.5	この章のまとめ	34

第4章　クチコミの意味表現　　35

4.1	クチコミが生成されるプロセス	35
4.2	クチコミ情報の構成要素	37
	4.2.1　センチメント	37
	4.2.2　消費者（著者）	41
	4.2.3　対象物	41
	4.2.4　記事	43
4.3	クチコミ情報要素間の関係情報	44
	4.3.1　消費者と対象物の接触	44
	4.3.2　記事とセンチメント	45

目　次　xi

4.4　この章のまとめ 46

第5章　クチコミの解析技術　　49

5.1　本文抽出・スクレイピング 49

5.2　テキストの解析 51

　5.2.1　文分割（文抽出） 51

　5.2.2　形態素解析・品詞タギング 53

　5.2.3　文節抽出・構文解析 53

5.3　意味のまとまりの抽出 54

　5.3.1　固有表現，タームの抽出 55

　5.3.2　主観表現（評価表現）の抽出 56

　5.3.3　属性の抽出 60

5.4　抽出辞書の作成 62

　5.4.1　対象物辞書 62

　5.4.2　主観表現辞書 63

5.5　極性の判定 65

5.6　同一性の判定（名寄せ） 68

　5.6.1　音が類似した表記揺れ 69

　5.6.2　略語の吸収 71

　5.6.3　別名の認識 72

　5.6.4　属性の名寄せ 73

5.7　非同一性の判定（あいまい性解消） 75

5.8　センチメントの構造化 76

5.9　不適切なクチコミ 78

5.10　消費者の理解 80

　5.10.1　消費者属性の理解 80

　5.10.2　消費者行動の理解 82

5.11　この章のまとめ 83

第6章　クチコミ情報のテキスト生成　　85

6.1　センチメント情報タグの生成 85

	6.1.1	対象物名タグの生成	86
	6.1.2	主観情報タグの生成	87
6.2	属性集合表現の生成		88
6.3	クチコミ要約		90
	6.3.1	テキスト要約技術	91
	6.3.2	クチコミ要約の設計	95
6.4	この章のまとめ		98

第7章 クチコミを集約する　　　101

7.1	集約機能の概要		101
	7.1.1	集約の基本ステップ	102
	7.1.2	集約のためのデータ構造	103
	7.1.3	クチコミ情報テーブルを用いた集約処理	106
7.2	集約機能を構成する処理の詳細		107
	7.2.1	選択処理	107
	7.2.2	グループ化処理	108
	7.2.3	集計処理	110
7.3	クチコミ情報テーブルの実現方法		115
	7.3.1	クチコミ情報レコードの動的生成	116
	7.3.2	RDBMS を用いた実装方法	118
	7.3.3	クチコミ情報レコードの格納方法	119
7.4	集約機能の実現方法		121
	7.4.1	簡易問合せ言語の仕様	121
	7.4.2	選択処理の実現方法	124
	7.4.3	グループ化・集計処理の実現方法	127
7.5	実現例		129
7.6	まとめ		132

第8章 クチコミを可視化する　　　133

8.1	分析の目的と可視化手法	134
8.2	可視化プロセスと対象レコード形式	136

8.3	特定の対象物に関する定量分析	138
	8.3.1 対象物が単数で時間変化なしの例	140
	8.3.2 時系列グラフの例	141
	8.3.3 複数対象物の比較の例	144
8.4	特定の対象物に関する定性分析	146
	8.4.1 主観情報の頻度表示	146
	8.4.2 主観情報の関係表示	150
	8.4.3 文や文章による表示	154
8.5	対象物集合の概観把握	155
	8.5.1 ランキング表示	156
	8.5.2 散布図表示	158
	8.5.3 ネットワーク表示	160
8.6	可視化ツール	162
	8.6.1 表計算ソフト	162
	8.6.2 BI ツール	164
	8.6.3 可視化ライブラリ	164
8.7	まとめ	165

第 9 章　おわりに ～クチコミ分析のレシピ～　　　167

付録　　　173

A.1	系列ラベリングとチャンキング	173
A.2	並び順を考慮する要約モデル	174

参考文献　　　176

索　引　　　182

第1章

クチコミ分析の目的

クチコミ分析システムを設計するにあたり，まず，どういったユーザーがどういった目的でシステムを利用するのかを概観しましょう．

分析システムを利用するユーザーは，ある立場から何らかの着眼点を持ってクチコミコンテンツを眺めたいユーザーです．ここでは，クチコミで言及されている対象物との関わり方の観点で，三つの立場に利用者を類型化して考えます．一つ目の立場はその対象物を製造・供給する立場です．主として商品のメーカーが該当し，自社の供給商品についての分析が主目的となります．二つ目はその対象物を入手・消費する消費者の立場で，対象物に関する何らかの意思決定のサポートが主な用途です．最後はその対象物の流通を担う立場で，EC (Electronic Commerce) サイトやメディア（媒体）が該当します．

▌ 1.1 商品供給者の視点で

クチコミ分析の利用者としてまず考えられるのは，商品のマーケティングをしたり，商品を企画設計したりする立場の利用者です．彼ら彼女らにとって，インターネットから集められた CGM はそれ自身で役に立ちます．例えば，ある特定の商品名をキーワードにして集めた文書には消費者の生の声が書かれていて，その中にはその商品に対しての不満や改善提案などが書かれているかもしれません．文書数がある一定の範囲に収まる場合には，その全数を読むというのが一つの利用形態です．

しかし，集まる文書が分析チームの陣容では読み切れないような規模にな

ると，意見の俯瞰や詳細分析対象の絞り込みが必要になります．分析チーム
がやりたいこと，苦労するであろう箇所，システムに期待するポイントにつ
いて検討してみましょう．

1.1.1　商品の分析をしたい

　典型的なクチコミ分析対象は**商品**です．商品がどのように消費者に受け取
られているかという情報は，売れ行き予測や商品の改良などにぜひとも必要
な情報であり，例えば，メーカーはモニターを雇ったり景品付きのアンケー
ト調査をしたりと，コストをかけて情報収集しています．ここで商品とは店
頭で販売されているプロダクトだけに限られるわけではなく，例えば政党に
とっては自党の商品は「政策」や「ビジョン」などですし，芸能人にとって
は自分自身が商品とも言えます．要するに，顧客に届けて価値をもたらすも
のをここでは商品と考えましょう．

　商品を顧客に届けるためには，まずその価値を顧客に認めてもらう必要が
あります．また，届いた商品は実際に価値をもたらさないと消費者の期待を
裏切ることになります．クチコミには，消費者が感じた商品の魅力や，消費
者が使った結果やその印象についての情報が記述されていることがあります．
顧客が，商品をどのように受け止めたか，商品を使った結果どのような価値
をもたらしたか，逆に顧客はこういった理由で商品を魅力的でない，と感じ
ているかもしれませんし，魅力的に思ったのだけど，結果として価値を生じ
なかったかもしれません．商品を顧客がどのように知覚したかを知ることは，
企業意思決定に重要な意味を持つでしょう．

1.1.2　広告効果を測定したい

　企業は，まずは顧客に商品の存在を知ってもらい，さらに商品を魅力的に
感じてもらう必要があります．そのために企業は多額の**広告宣伝費**を費やし
ていますが，その広告宣伝がどのように消費者に伝わっているかや，広告宣
伝と売上との相関を知ることはなかなか困難でした．「来店時に〜を見たと伝
えると 10％オフ」といった広告を見かけたことはないでしょうか．ただ一言
言うだけで割引してくれるというのはなかなか不思議な仕組みに思えますが，
広告を出稿する側や広告を掲載するメディアから見ると，売上を一部削って
でも，この出稿がどの程度顧客に伝わっているかを測定したいという意味で
もあります[2]．

---

2) もちろん，効果測定だけが目的ではなく，10％引き自体を魅力に感じてもらって集客数を増やすという目的や，メディアの魅力を高める目的なども複合しています．

広告を掲載するメディアの立場から見ると，**広告枠**がクライアント企業に対する商品です．したがって，広告効果の測定とは自社商品のパフォーマンス測定そのものに該当します．クライアントへの訴求や広告枠の値付けのためには，一定のコストをかけてでもパフォーマンスを測定することが必要となります．

同じことは広告を制作する広告制作会社にも言えます．制作した広告コンテンツ（クリエイティブ）がどれだけ消費者に訴求できたかは重要な経営指標となるでしょう．

CGM の登場で，広告効果の測定に別の手段が生まれました．例えばテレビ CM で伝えたキーワードがどのくらいソーシャルメディアに流れたかを数えると，その CM がどの程度視聴者の記憶に残ったかを測定する手段になります．さらにはソーシャルメディアのテキストを詳細に分析してみると，伝えたかったメッセージがちゃんと伝わっているかどうかや，意図せぬ誤解を生じていないかどうかなども分かるかもしれません．今まで，視聴率といった数値で，どの程度の人数が CM を目にしたかだけを測定していたところに，細かな分析を加えることができる可能性があるでしょう．

1.1.3　意思決定材料を整理したい

企業などで意思決定をするためには，個々の意見をくみ取るだけではなく，大きな傾向を俯瞰する必要もあります．要するにこの商品は消費者に受け入れられているんだろうか？ いくつか問題点があるようだが，重点的に対策を打つべきはどこだろうか？

企業幹部に商品の売れ行きを報告すべき場面は多々あります．パワーポイント資料 1〜2 枚にざっくりとまとめることが求められるでしょう．グラフ化したり複数のクチコミを要約したりすることができると，全貌を俯瞰する資料作成に役立ちます．

1.1.4　分析結果を再発信したい

分析した結果は，まずは社内での意思決定に活用されることが一般的です．しかし，分析結果自体が，さらなる消費者コミュニケーションに役立つ可能性もあります．例えば，クチコミ人気ランキングのようなトレンド分析結果を自社サイトに掲載すると，消費者の商品選択の手助けになります．

企業側が思いもつかなかった商品利用方法がクチコミの中には記述されて

いるかもしれません．消費者が発見してくれた新たな商品価値を伝えることは，その商品の魅力を高める効果的な広告宣伝になるでしょう．

商品の魅力を高める要素としては他にもいろいろな可能性がありえます．多数の好意的な意見，お気に入りの有名人が使っていること，信頼しているブロガーからの推薦，などなど[3]．これらの分析結果を再配信することで，さらなる広告宣伝効果を期待することが考えられます．

1.1.5　商品改良のアイデアを集めたい

商品の価値は，消費者の何らかの欲求を満たすことにあります．消費者の欲求とは，欲求充足前の「不満」と言い換えることもでき，既存商品の不満点は，すなわち商品の改良ポイントでもあります．大きすぎる，ボタンが押しにくい，好きな色がない，といった不満点は，クチコミの著者にとってそれが，欲求を満足させるに不足しているポイントであることを意味しています．もしもこれらポイントが解消できるのであれば商品の魅力は高まりますし，仮にこれがライバル商品への不満点であれば，改良された自社商品は優位性を有することになります．不満が本音で語られやすい CGM は，改良のアイデアを収集する格好の舞台と言えます．

1.1.6　クチコミを効率的に読んで分析したい

クチコミの自動集計は効率的な分析に役立ちますが，コンピュータによる読解には限界があり，やはり，人間が直接クチコミを読んでさらに深い情報を得ることも必要になります．

読むべきクチコミを入手するためにキーワードで CGM を検索したとして，ヒット件数があまりに多すぎると全部読むのは大変です．また，ブログ検索などの CGM 検索を試したことがある方は感じたことがあるかもしれませんが，いわゆるウェブ検索に比べて，CGM 検索の検索ランキングはなかなか適合文書順になってくれないため，重要な順に読むというわけにもいきません[4]．

もしも何らかの観点で文書を分類することができれば，どの文書を重点的に読むべきかの手掛かりになり，効率的な分析に役立ちます．典型的な分類は同様の内容を持つ意見をグループ化するクラスタリングですが，その他にも，時系列での分類や地域別の分類などいろいろな観点が考えられます．

---

[3] こういった活用にあたっては，その有名人やブロガーらが持つ権利の尊重には十分に注意する必要があります．

[4] CGM 検索が難しい理由はいくつか考えられますが，CGM はウェブページに比べて平均的な文書長が短いことから内容適合性を判断する統計量の信頼度が劣ることや，相互のハイパーリンクが少ないことからリンク人気度（link popularity）などをランキング特徴に取り入れにくいことなどが主たる要因に挙げられます．

1.2 消費者の視点で

前節では，商品製造者や販売者の視点でクチコミ分析の目的を並べてきました．こんどは消費者の視点でどういった意味を持つかを検討してみます．

1.2.1 購買サポート

昨今の消費行動におけるクチコミの重要性は改めて述べる必要もないでしょう．ネット通販で初めての商品を購入するときに，レビュー記事を参考にしながら商品を選ぶという人は多いと思います．また，実際に店舗に行って商品を見る前に，ネットでクチコミを眺めて下調べするという場面も考えられます．消費者の視点では，クチコミは商品を選択する際の情報源と言えます．

消費者の消費行動のモデルとして有名なものに **AIDMA** モデルがあります．AIDMA とは Attention, Interest, Desire, Memory, Action の頭文字を並べたもので，消費者は，まず商品の存在や特徴を知り (A)，次にその商品に興味を持ち (I)，欲しいとか使ってみたいという欲求を感じ (D)，商品とその欲求を記憶し (M)，実際に購入する (A) という一連の行動モデルを表しています．

AIDMA は伝統的なリアル店舗での購入をモデル化したものですが，ネット社会での購買行動には変化が見られるということで，**AISAS**[5] (Attention, Interest, Search, Action, Share) や **AISCEAS**[6] (Attention, Interest, Search, Comparison, Examination, Action, Share) といったモデルが提唱されています．

AISAS を AIDMA と並べて見ると，Desire と Memory の代わりに Search（検索）が加わり，最後に Share（情報共有）が加わっています．違いは以下のように理解することができるでしょう．

1. リアル店舗の場合にはいったん商品を欲しいという気持ち (Desire) を記憶 (Memory) しないと実際の購入につながらなかったところが，ネット通販ならば欲しいと思ったら即座に購入 (Action) できる．
2. 欲しいという気持ちが固まる前の興味を持った段階 (Interest) からその場で情報収集 (Search) を始め，購入意思決定へ進む．
3. 購入後はソーシャルメディアで商品情報や感想を投稿する場合がある (Share)．

[5] 株式会社電通の登録商標．

[6] 望野和美氏が『宣伝会議』2005 年 5 月 1 日号で提唱．

AISCEAS は AISAS の Search を，Search（商品をリストアップ），Comparison（リストアップされた商品を比較），Examination（購入検討）の 3 ステップに細分化しています．ネットを使っての商品選定プロセスを重視したモデルと理解できます．

クチコミはこの商品選定のプロセスに大きく影響を持ちます．つまり，商品選定プロセスに有用な分析材料を提供することができると，クチコミ分析システムは，消費者の購入サポート機能として価値を持つと考えられます．

まず，Search（検索）の場面での利用シーンを考えてみます．このステップは，とある商品に何かしらの興味（Interest）を持った際に，同一カテゴリの商品にはどのようなものが売られているんだろうと情報収集をするステップです．インターネットで情報収集するとすれば，まずは EC サイトの商品リストや商品比較サイトのリストを眺めることになるでしょう．この段階ではクチコミ情報を参照する場合はそんなに多くはありません．EC サイトのリストからスペックや外観などの情報を得て，自分の要求に合致するものを集めていくことが一般的でしょう．

しかしながら，EC サイトのカテゴリはある定められた体系に従って分類されているため，この分類体系でカバーしきれない関連性がクチコミから得られると有益です．例えば，子供の運動会用にビデオカメラが欲しいといった場面で，EC サイトでビデオカメラのリストを眺めていたものの，クチコミを見るとデジカメの動画撮影機能のほうが自分の用途にはあっているかも，といったことに思い至るかもしれません．

関連する技術として**協調フィルタリング**という技術があります．この技術は，あるアイテムを購入した（もしくは閲覧した）消費者が，次に何に興味を持つかや最終的にどのアイテムを購入したかを統計分析することで，消費者の行動をモデリングするものです．協調フィルタリングを用いると，あるビデオカメラを検討したユーザーは，最終的に動画撮影機能付きのデジカメを購入することがよくある，といった情報が抽出されます．同様のことをクチコミ分析に当てはめると，クチコミテキストでユーザーが比較した商品ペアをもとに，消費者をナビゲートすることが考えられるでしょう．クチコミテキストの中に，消費者視点での商品比較が含まれていると，EC サイトのカテゴリ分類を補完するものになる可能性があります．

次に，Comparison（比較）の場面を考えてみます．ここは，リストアップさ

れてきた商品を様々な視点で比較検討し，購入商品を固めていくステップになります．商品レビューサイトを利用して比較をする場合，まずは，ユーザー評価値やユーザーコメント数などを参考に検討を進めるでしょう．多数の高評価がついている商品はたぶん優れたものと考えられます．さらに，本当に自分の期待に合致しているかを確認するためには，個々のユーザーレビューを読んでいきます．レビュー記事の中には，想像していなかった商品の弱点が書かれているかもしれません．例えば，先ほどの例と同じく運動会用のビデオカメラを探している場合に，「意外と液晶が暗くて直射日光下ではキビシイ」のようなクチコミを見つけるかもしれません．クチコミ分析システムでこういったプロセスをサポートするとすれば，言及されている観点ごとにクチコミを整理して，商品比較をレポートすることが考えられます．液晶について，ビデオカメラ A は ｜明るい，コンパクト，…｜ のようなクチコミがあり，ビデオカメラ B は ｜暗い，大きい，…｜ が囁（ささや）かれている，といった情報が整理されていると，消費者の商品比較に役立つでしょう．

　Examination（購入検討）では，絞られた候補が購入に値するかどうかを確認していきます．このステップでは，より幅広くレビュー記事を読み込んで，自分の要求を満たせるかや，本当に買いたいと思えるかを確認していきます．クチコミ分析システムへの期待は，個々の商品についてのクチコミを網羅的に整理することと言えるでしょう．どのように整理して可視化するかの詳細は第 4 章と第 8 章で述べますが，商品の持つ属性ごとにクチコミを分類すると概観しやすくなります[7]．

▎1.2.2　意思決定支援・行動サポート

　前項で述べた購買のサポートとは，購買意思決定のための情報収集と情報整理を意味していました．クチコミは，商品購入以外にもいろいろな**意思決定**の場面で参照されます．

　例えば，選挙における，投票先政党や候補者の選択の場面です．2013 年に選挙でのネット利用のルールが整備され，各党，各メディアがこぞってネットのクチコミを世論分析に使うようになりました．政党の目的は前節で述べた商品（政策や自党候補者）供給者としての立場ですが，メディアの目的は消費者（有権者）へ意思決定材料を提供することといえます．また，有権者自身も（有権者自身が意識しているかどうかはともかくとして）ネット世論の影響を受けて投票行動を決定している側面があるのも間違いないところで

[7] 2.3 節で紹介する評判分析サービスでは，Search 向けに「関連語をさがす」，Comparison 向けに「比較する」，Examination 向けに「分析する」という 3 タイプの可視化を提供していました．

す．的確なクチコミ世論分析は，投票等の意思決定のための情報提供となる
でしょう．

　意思決定とは，投票とか購買のように大きなものばかりではありません．
例えば，乗っている電車の路線の遅延情報があったときに，別路線に乗り換
えるかどうかを判断することも一つの意思決定といえます．このシーンでは
主たる判断材料は鉄道会社からの遅延情報ですが，補完するものとして乗客
のクチコミが考えられます．個々の電車の実際の停止時間や，遅延理由の詳
細などが目撃者からツイートされているかもしれません．クチコミ分析シス
テムは，こういった一つひとつの行動意思決定をサポートできる可能性があ
ります．

▮ 1.2.3　身近な課題の解決

　各種の課題解決知識の収集にもクチコミは活躍します．百科事典的な知識
に関する質問であれば，権威ある知識ベースを対象に情報収集することが効
率的ですが，身近な課題を解決する知識はクチコミから獲得する場合も多々
あります．例えば，ご近所への引っ越しのあいさつには何を持っていけばい
いんだろう，とか，ペットを遠方に連れていきたいんだけどどういう手段が
あるだろう，寒がりの彼氏へのプレゼントは何がいいと思う？といった課題
の解決です．

　こういった知識の獲得に関してはQ&Aサイトの出番です．多種多様な質
問と回答がカテゴリ分類され，いろいろな解決手段が蓄積されています．

　クチコミ分析システムとしては，多数の回答を整理して提示するようなこ
とが期待されるでしょう．引っ越しのあいさつの例であれば，菓子折りと回
答した人が6人，日用品と回答した人が8人，のように集計できると，効率的
に回答を概観できます．ただ，残念ながら，こういった多様な質問の回答を
的確に分類整理するような技術はまだまだ実用段階には届いていません．将
来の課題と言えます．

▮ 1.2.4　クチコミを楽しむ

　ここまで，合理的な理由を挙げてクチコミ分析のニーズを議論してきまし
た．一方で，実際のクチコミ分析の用途としては，特別の目的がなくとも，
みんなの評判を眺めて楽しむというニーズがあります．例えば，芸能人やス
ポーツ選手に関して消費者がクチコミに関心を持つのは，その大部分がエン

ターテインメント目的と考えられます．1.2.2項の選挙分析の例でも，必ずしも投票先決定の参考にする目的でクチコミ分析を見ているとは限らず，噂話を楽しむ目的の読者・視聴者がある割合を占めていると思われます．書店を覗くと，実用書や学術書をはるかに上回るボリュームで娯楽目的の書籍や雑誌が出版されていることからも，消費者向けの真のニーズは，楽しむという目的にある可能性もあります[8]．

この目的からは，幅広い対象について，そのクチコミを整理して簡潔に提示するシステムが期待されるでしょう．また，楽しむことが目的ですので，読み取るのに苦労するようでは目的を達せられません．分かりやすい分析結果提示や読みやすい要約生成なども期待されます．

[8] 実際のクチコミ分析システム利用ログを見ても，娯楽目的と思われるクエリのほうが多数派です．

1.3 流通・メディアの視点で

最後に商品流通を担う流通とメディアの立場からの用途を議論します．

1.3.1 商品流通の促進

商品流通を促進する目的でクチコミ分析を利用するという可能性も考えられます．ECサイトには，よく商品レビュー機能が併設されていますが，レビュー数が多くなってくると読み取ることは大変です．例えば旅行予約サイトでは，人気のホテルであれば1000を超えるクチコミが掲載されていることもめずらしくありません．消費者の評価値を星（☆）の数で点数化することで人気商品を把握しやすくしたり，レビュー記事が「役に立った」かどうかをサイト訪問者が投票できるようにして，有用な記事が上位に表示されるような工夫がされたりしていますが，より多角的・詳細な分析が掲示されていると消費者の商品選択にさらに有益でしょう．そして消費者にとって有益ということは，そのECサイトが魅力的という意味でもあり，顧客基盤拡大への貢献が期待できます．

1.3.2 クチコミ情報の流通

消費者が情報を求めているということは，その情報を整理提供するメディアサービスが成立します．1.2.2項でも述べましたが，国政選挙のときにクチコミの分析を発表するのはメディアの定番になってきました．ニュース配信

サイトには，ニュースに対しての意見感想を投稿できるようになっているサイトや，関連ツイートを記事に併せて掲示するサイトもあります．

より積極的に CGM を収集整理する**キュレーションサービス（まとめサイト）**というサイトも多数登場しています．これも一種のメディアサービスと言え，例えば何らかの商品の評判を整理したり，ネットの噂を収集した記事などが日々アップロードされています．商品の評判が整理された記事は購入を考えている消費者が読むでしょうし，噂サイトには娯楽目的の読者が来訪するでしょう．

言い換えると，前節で述べてきた消費者向けニーズのそれぞれにおいて，人手での編集を経て消費者に情報提供するサービスが成立する可能性があります．こういったサイト向けにも，情報収集や分析支援を行うシステムの貢献が期待できます．

1.4　この章のまとめ

クチコミ分析システムの構築に先立って，まずどういったユーザーがどういった目的でシステムを利用するのかを概観しました．分析システムと関わる可能性のあるユーザーは，分析対象物を取り巻くプレイヤーです．ここでは，(1) 対象物を供給するプレイヤー，(2) 対象物を消費するプレイヤー，(3) 対象物とその関連情報を流通するプレイヤーの三つに分けてその用途を考えました．

ここで本書で扱わないタイプのクチコミについても少々触れておきます．

クチコミは必ずしも主観的な意見からだけで構成されるわけではなく，客観的な事実を述べたものも多数あります．例えば，「〜のスーパーで〜が安売りしてたよ」や「〜駅前で大渋滞してる」のようなクチコミは，意見ではありませんが，コンピュータ分析が可能になると価値があると考えられます[9]．しかしながら，事実情報を対象としてその内容を集約するようなクチコミ分析サービスは，まだあまり実用的なものが見られず，今後の課題と言えます[10]．

[9] 1.2.2 項で挙げた電車遅延に関するクチコミの例も，実は意見ではなく目撃した事実です．

[10] クチコミ内容の意味構造化やその分析に立ち入らずに，キーワードでの遅延情報検索やツイート頻度の時系列分析といったシステムであればもちろん十分に実現可能でしょう．

第2章

クチコミ分析システムの構成

クチコミ分析とは，要するに，クチコミを分析対象とした**テキストマイニング**です[11]．テキストマイニングとは，「大量の文書に記述されている内容の相関や傾向を分析する技術 [3]」で，複数テキストから何らかの知見を抽出するための技術を指します．

一般にテキストマイニングシステムは，テキストから情報要素を抽出し，何らかの観点・軸に沿って情報要素をグルーピングし，各グループ内の情報要素を**集計**することで，分析に資する情報を分析者に提示する機能を持ちます．グルーピング機能とグループ内要素の集計機能をまとめて，ここでは**集約機能**と呼ぶことにします．クチコミ分析システムはテキストマイニングシステムに準じて組み立てていくことになりますが，以下のようなポイントに留意した設計が必要です．

(1) 分析対象のテキスト量は，一般的なテキストマイニングパッケージが想定するものよりも相当に大きい．

(2) 分析対象のテキストが手元になく，外部ネットワーク上に分散していることが多い．

(3) タイムリー性が期待される用途が多い．

(4) クチコミテキストは，くだけた表現で書かれていることが多い．

すべてのクチコミ分析システムがこれらすべてのポイントに対応している必要があるわけではなく，例えば，特定の商品に対するレビュー記事を分析する場合には，記事を手作業でダウンロードしてテキストマイニングすることも十分に実用的でしょう．本書では，様々な分析用途から想定される要求を最大限に取り入れたシステムを作るにはどうすればよいか，という観点で

11) 別のタイプのクチコミ分析として，インフルエンサー分析に代表されるクチコミ著者を対象にしたデータマイニングがありますが，本書では，自然言語処理と関係の深いクチコミ内容の分析に対象を絞って説明します．

議論を進めますので，読者が構築する分析システムの要求にあわせて，必要な部分を参照していただければと思います．

2.1 クチコミ分析システムの要件

(1) から (4) で挙げたようなポイントがどのようにシステム要件に影響してくるかを検討しましょう．

1. **分析対象のテキストデータ量が大きい**

   少々以前の調査値ですが，生成される CGM は，日本語に限ったとしても，ブログが 4000-5000 万/月（2009 年）[4]，ツイッターが 10 億/月（2012 年）[12] 程度と言われています．

   この規模のデータを処理対象とするためには，システムに具体的な集約命令が与えられてから収集に行っても全く間に合わないため，**事前にデータを蓄積**する必要があります．さらには処理時間も膨大なものとなるため，収集された CGM は単に蓄積するだけでなく，収集時点でその都度**事前処理**を実行しておき，集約命令を受けた後は簡単な演算のみという構成をとる必要があります．

2. **分析対象のテキストが外部ネットワークに分散している**

   データ量が大きいことと併せ考えると，外部ネットワークからの**収集系**もシステムの一部として組み込むことが求められます．人手を介さずに収集するためには，HTML 等の元形式からテキスト部分のみを抜き取るスクレイピング機能も必要になります．

3. **タイムリー性が期待される**

   タイムリーでない分析結果は価値を持たない場合もしばしばあります．例えば，新発売の商品の分析結果は，翌日の経営会議での報告が求められるでしょうし，数日間の販促キャンペーンを実施しているならば，初日の反響をもとに翌日の露出をコントロールしたくなることもあり得ます．タイムリーなアクションにはタイムリーな情報が欠かせないでしょう．

   タイムリーな分析を実現するためには，収集系の自動化により必要なコンテンツを随時入手することに加えて，集約結果が短時間で得られるリアルタイム性も必要です．クチコミ分析者による分析作業は，手順に従って淡々と進めれば実現できるものではありません．何らかの仮説を

---

12) BIGLOBE「ついっぷるトレンド」調べ．

立て，その仮説を検証するための分析プランを立案し，システムの集約結果を見て仮説の真偽を判定する，といった過程が必要ですが，最初に立てた分析プランによる集約結果からは真偽判定ができないこともよくあり，分析プランを改良して再集約，といったプロセスを繰り返すことになるでしょう．価値の高い分析結果を得るためにはこのサイクルを短時間で回せることが必要です．集約結果が得られるのは翌朝，といった処理時間では，良質の分析は得られにくいと考えられます．

このことは，先に述べた**事前処理**の必要性に影響してきます．十分な事前処理を行うことで，集約命令から結果表示までの時間を短縮することが必要です．

4. **くだけた表現**が出現する

メディアのタイプにもよりますが，CGM テキストでは概してくだけた表現が多用されます．論文や特許のような推敲されたテキストのマイニングとは違い，クチコミ分析では多様な表現を解析できる技術が求められます[13]．

このポイントは，**くだけた表現を解析**できる解析系の必要性を意味します．

列挙してきた要件から，クチコミ分析システムは，テキストを与えると演算結果を返す一般的な言語処理プログラムというよりも，ウェブ検索システムに近い構成をとる必要があります．すなわち，事前の文書解析処理によってクチコミの意味構造を生成するブロックと，集約命令後の集約・可視化を実行するブロックとを分離した構成が適しています．

2.2 典型的な構成

図 2.1 にクチコミ分析システムの典型的な構成を示します．各ブロックの機能の概略は以下のとおりです．

■CGM を収集するブロック

ネットワークに散在している CGM を収集するブロックです．ウェブ検索エンジンがインターネットコンテンツを収集する場合には，いわゆるウェブクローラーが用いられます．クローラーは起点となるウェブページを与える

13) クチコミ以外にも，メールテキストなどくだけたテキストのマイニングが必要となる対象もありますので，共通する技術要素もあるでしょう．

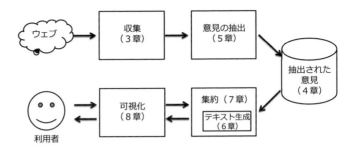

図 2.1 クチコミ分析システムの構成．ウェブに散在しているクチコミテキストは収集ブロックで集められ，意見抽出ブロックで構造化データに変換される．構造化された個々のクチコミ情報はデータベースに蓄えられ，集約ブロックにて集約される．集約処理は数値データ化に限らずテキスト情報化する場合もある．集約されたクチコミ情報は可視化ブロックで理解しやすい形式に変換され利用者に提示される．

と，そのページを解析してページ中に記述されたハイパーリンク先のページを取得します．このプロセスを繰り返すことによってネット上に分散したウェブページを収集します．CGM の収集においてもウェブクローラーを用いる場合がありますが，CGM の場合には，よりアクセスに便利な手段が用意されている場合も多く，代表的なものとして RSS フィードや API 経由のアクセスが挙げられます．RSS で配信されている場合でも，CGM 本文を取得するためには元の HTML ファイルも取得する必要があります．コンテンツプロバイダーとの契約の上で CGM を取得する場合には，コンテンツ所有者が用意する API を使う場合が多いでしょう．CGM の収集については第 3 章で述べます．

■CGM からクチコミ情報を抽出するブロック

　集めた CGM テキストからクチコミ分析の対象となる情報を抽出するブロックです．クチコミの集約を実現するためには，自然言語で記述されたテキストからクチコミ情報を抽出して，情報要素として構造化する必要があります．抽出ブロックの構築方針を定めるために，まず第 4 章でどのように構造化すべきかのモデリングを行い，そのうえで第 5 章でテキストの解析・情報抽出系を組み立てます．また，消費者の意見を正しく理解するためには，クチコミ記事が執筆された背景情報を併せて抽出する必要があります．背景情報の構造化も第 4 章と第 5 章で議論します．

解析・情報抽出系は，収集された CGM の特性を踏まえた技術によってウェブテキストを意味構造に変換していきます．ここに含まれるのはスクレイピング機能，テキスト解析機能，情報抽出機能，同値性の判定機能等です．

■抽出された構造化情報を集約するブロック

上記ブロックで構造化された，個々のクチコミ情報を集約するブロックです．いろいろな目的に応じたクチコミ分析を実現するためには，種々のクチコミ情報集約機能を用意する必要があります．ここで，クチコミ情報の集約とは，例えば，時間軸でのクチコミ量の変化や，ある商品に対しての年代性別ごとの好評不評割合などを求めることをイメージしてください．

いろいろな集約機能を柔軟に実現するには，一般にリレーショナルデータベース (RDB) が用いられます．RDB を用いる場合，データベースから着目すべきレコードを選択し，選択されたレコードを何らかの基準でグループ化し，各グループに対して集計関数を適用することで集約処理を実行します．また，SQL のような問合せ言語によって，個別のプログラムを書くことなく各集約を実現することで，見通しのよい分析システムが構築できます．

クチコミ分析においても，RDB による集約と同様に，問合せ言語による照会で集約機能が実現されることが望まれますが，自然言語を扱うことから，通常の RDB では実現しにくい機能がいくつかあります．クチコミ情報の集約における課題と解決方法については第 7 章で述べます．また，分析目的によっては，集約結果をテキストで得たい場合もあります．構造化されたクチコミ情報からどのようにテキストを生成するかについては第 6 章で述べます．

■分析結果を可視化するブロック

集約されたクチコミ情報を分かりやすい形でユーザーに提示するブロックです．人間が直感的に理解しやすい形式でデータが表現されることで，情報内容の把握を効率的に進めることができ，効果的な分析に役立ちます．値の大小を表現するために図形の大きさや色を変化させたり，値の増減をグラフの傾きで表現したりすることで，数値がそのまま表示されるよりも短時間で情報の全体像が了解できるでしょう．

第 8 章ではクチコミ分析の目的を達成するのに適した可視化について論じ，これら可視化を実現するために生成すべき集約されたデータ構造について述べます．また，実際に可視化機能を実装するためのツールをいくつか紹介します．

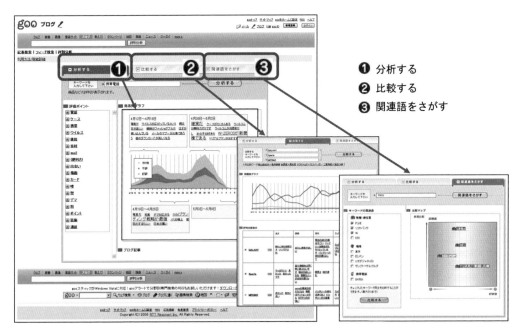

図 2.2 goo 評判分析サービス【カラー図 0.1】

2.3 クチコミ分析サービスの例

　本節では，実際のクチコミ分析サービスの例として著者らが開発した goo 評判分析サービスを紹介します．goo 評判分析サービスは，ポータルサイト goo 上のサービスとして，2007 年 10 月から 2009 年 7 月までの間に公開が行われていました．このサービスは，数千万件のブログ記事の中からあらかじめクチコミ情報を抽出しておき，ユーザーがキーワードを入力すると，即座にクチコミ情報を集約して可視化するサービスです．サービス画面を図 2.2 に示します．

　このサービスは，次の三つの方法で，クチコミ情報の可視化を行っています．

(1) **分析する**　ユーザーが人名，組織名，商品名等の対象物を入力すると，入力された対象物に関するクチコミ情報を集約して表示する．

(2) **比較する**　ユーザーが対象物を複数入力すると，それらに関するクチコミ情報の比較結果を表示する．

(3) **関連語をさがす**　ユーザーがキーワードを入力すると，キーワードに関

連する対象物を表示する.

「(1) 分析する」は，ユーザーが対象となる商品をあらかじめ知っている時に，その商品に関する好評・不評，クチコミの時間変化や，「画面」や「操作性」といった対象物の属性毎の評価を見ることができます．これによって，たとえば，希望の商品を購入する際の参考にすることができます．

「(2) 比較する」は，購入を検討している商品が複数あった時に，それらの商品のクチコミを色々な角度から分析できるので，どの商品を選ぶのかを決めるのに役立ちます.

一方，「(3) 関連語をさがす」は，商品名ではなく，分野を表すキーワードを入力すると，その分野に関連する人物，組織，場所などの対象物を抽出します．そして，ユーザーは，これらの対象物を好評か不評か，話題になっているのか等の様々な角度から一覧結果を見ることができます．このような可視化によって，その分野全体の概観を把握したり，特定の条件に応じた商品を探すといったことに利用することができます.

このようにブログ上に書かれた任意の話題に関するクチコミを様々な角度から分析していくことができます．本サービスにおける「分析する」「比較する」「関連語をさがす」で使用されている可視化方法の詳しい説明については，第8章で説明します.

本書は，当時の実装をそのまま述べたものではありませんが，このようなサービスを実現する際に考慮しなければならない点，必要な技術や設計，実装の指針を中心に扱います.

2.4　この章のまとめ

本章では，クチコミ分析システム全体の構成について述べました．クチコミ分析とは一種のテキストマイニングですが，対象とするテキスト量が多いことと，収集から集約結果の表示までの一連の処理の自動化が望まれることなどから，ウェブ検索エンジン的な構成が適しています.

次章からは，図 2.1 の構成に従って各パートの実現方法について述べていきます.

第3章

クチコミを収集する

　具体的にクチコミ分析システムを組み立てていくにあたって，まずは，クチコミが含まれる CGM コンテンツを収集して分析対象を準備するブロックから考えましょう．

　CGM とは著者が消費者であるタイプのメディアの総称であり，各メディアそれぞれの性格・特徴があります．書かれているクチコミの内容はメディアによって異なっていますので，作りたいクチコミ分析の用途に照らし合わせて，どのメディアを対象に収集するかの方針検討が必要です．また，メディアに掲載される各記事は，その想定読者にあわせて記載の詳細度や文体などの記述スタイルが異なります．スタイルが異なっているとクチコミの解析に求められる技術要素が異なってきます．さらに，各メディアの配布形態によってそれを集める手段も異なってきます．

　本章ではまず分析対象候補となる CGM を俯瞰し，どのような内容がどのようなスタイルで書かれているかを整理します．次に，それらの CGM を収集する手段について紹介し，さらに，スパム等のクチコミ分析に適さない記事をフィルタリングする技術について述べます．最後に，分析システムを運用するにあたっては CGM の権利関係の考慮が必要であることを述べます．

▌3.1　クチコミ分析の対象とそれぞれの特徴

　一口にソーシャルメディアや CGM と言っても，ブログや掲示板，レビューサイト，短文サイトなど多くのメディアがあり，それぞれに特性があります．ここではいくつかの観点でこれらメディアを概観し，それら観点がクチコミ

14) 本節で述べる各特徴については最後に表3.1（p.23）にまとめます。

分析にどのように影響してくるかを見ていきましょう[14]。

3.1.1　特定のテーマがあるメディア，テーマがないメディア

まず，メディアに何らかのテーマが設定されているかどうか，という観点があります。

特定のテーマが設定されているメディアの代表として商品レビューサイトが挙げられます。商品レビューサイトはECサイトに併設して運営されていることも多く，各商品ページごとにクチコミボタンが設置され，その商品の感想や評価などが書き込めるようになっています。したがってこのサイトに掲載されているテキストの主題は，概ね当該の商品です（中には，商品そのものではなくて，商品の販売店についての書き込みもあります）。クチコミを書くユーザーも，それを読むユーザーも，主題がその商品ということは承知していますので，テキスト中にわざわざ商品名を書かないこともよくあります。テーマが設定されたメディアとしては，他には掲示板やウィキなどが挙げられます。設定されたテーマに関するクチコミを集める対象としては効率がよく，また，全く違う主題に関するクチコミを誤って含めてしまう可能性を低くできますので，高精度のクチコミ情報集約が期待できます。

テーマが設定されていないメディアの代表は，ブログやツイッターなどです。これらメディアでは，ユーザーは一つのアカウントを持ち，自分の経験したことや思ったこと，考えたことなどをタイムラインに沿って自由に書き込みます。例えば，朝読んだニュースのことを書き，昼に好きな芸能人の話題を書き，夜にサッカーチームの話題を書くかもしれません。また，その合間には友人の読者に向けたメッセージがあり，また，誰に向けたわけでもない単なる備忘録を書き込むこともあります。何について書かれているかは自明ではないので，ユーザーは読者が了解できる程度に対象物が何であるかを書いていることが期待されます。しかしながら，ユーザーは広く万人に内容を理解してもらうことを意図していない場合も多く，そのユーザーの知人であれば分かる，という程度に省略した記事も多数あります。また，単なる備忘録のように，そもそも読者に内容を理解してもらうことを期待していない場合もあり，このような記事の場合には，よほど親しい知人でないと内容を理解するのは困難です。コンピュータによる分析はなかなか大変な対象ではありますが，クチコミ量が多いことと，ホンネが書かれやすいメディアという意味では魅力的な分析対象です。

3.1.2 対話メディアとモノローグメディア

ソーシャルメディアの中には対話型のメディアがあります．代表的なものが Q&A サイトです．Q&A サイトでは，ある投稿者が投稿した質問に対して回答を投稿します．回答はその質問者に向けた返信と見ることができます．回答のメッセージは質問の文脈に沿ったものであり，言語表現としては，質問テキストの中の事物との照応関係を持ったり，用語が質問テキストと共通であったりといったことが観察されます．また，対話ですので質問文は対話相手に向けられた場合が多く，省略された主語のかなりの割合は「あなた」を指しています．内容を正しく理解するには，対話の解析に準じて，一連のやりとりを関連付けて解析することが必要になります．

一方で，ブログやツイッターは基本的にはモノローグのメディアです．また商品レビューも特定の誰かを想定して書くわけではなくモノローグのメディアといえます．各記事は誰かに向けたメッセージではなく一方的に記述されたテキストで，別の記事との直接の関係は持ちません．誰かに向けているわけではないので，二人称の「あなた」が出てくることもなく，疑問文は誰かへの質問ではなく，自問だったり反語だったりという可能性が高くなります．

ただ，これらモノローグメディアの中には，トラックバックやメンションといった，対話型に移行する仕組みが用意されている場合があります．利用者は，特定の記事に関してや，特定のユーザーに向けての発話を書き込むときにこれら仕組みを利用します．他の記事との関係が明記されている記事の理解には，参照先との照応関係を理解するなどの技術が望まれます．

3.1.3 特定少数に向けたメディア，不特定多数に向けたメディア

メディアの性格として，ある特定の集団内でのコミュニケーションを主体としたメディアと，読者として特定のユーザーを想定していない発信型のメディアという分類が考えられます．前節の対話とモノローグという分類と似通っていますが，少々違う観点の分類です．

例えば，Q&A サイトで回答者は質問者に向けた返信の形で投稿します．しかし，回答者は記事を執筆するにあたって質問者の人となりや背景知識などは推測するしかなく，記事内容は質問者以外が読んでも理解できるように書くでしょう．また Q&A メディアサービスの成り立ちとしても，質問者と回答者間の交友のみを目的としているわけではなく，一般には投稿された内容が他の来訪者にとっても有益であることを狙ってサイト設計されています．

つまり，Q&A サイトは対話型であるが不特定多数に向けたメディアということができます．

逆に，ツイッターは「つぶやき」という言葉からも分かるように，基本的にはモノローグのメディアです．誰かの返信を求めるわけではなくつぶやいて終わりで，読んだ人が興味を持てばそこからコミュニケーションが始まることもある，というスタイルです．しかし，ツイッターの「つぶやき」の多くは不特定多数に向けているものではなく，ある特定のフォロワーだけが理解できればよいメッセージであり，特定少数に向けたメディアと考えるのが妥当です（有名人の公式ツイッターのように事実上不特定の読者に向けたメッセージとなっている場合もあります）．

不特定多数に向けているかどうかというポイントは，コンピュータの機械処理にとって大きな影響があります．不特定多数に向けているということは，著者のバックグラウンドや所属コミュニティに関する知識がなくとも理解できるように記述しているということであり，十分な一般知識を有すればコンピュータでも理解することが可能だと考えられます．しかしながら，コミュニティ内の人にだけ分かればよい，というスタイルで記述されたテキストを，（コミュニティ外である）コンピュータが理解することは相当に困難です．クチコミ分析で特定少数に向けたメディアを扱う場合には，しっかりと解析できる記事のみを分析対象にするといった方針が現実的です．

3.1.4 匿名のメディア，ID のあるメディア

匿名のメディアか，ログインしてユーザー名を明記して書き込むメディアかという分類も考えられます．ユーザー名を明記する場合には，さらに，ハンドル名か実名かといった区分も考えられます．一般に，匿名のメディアのほうが文章が雑で内容も乱暴といった傾向がありますが，クチコミ分析の観点からは，著者単位での分析が可能かどうかという点にも影響があります．

5.10 節で消費者属性（著者属性）の理解技術について述べますが，執筆したテキストが一定量あると，その人の性別や年齢といった属性がある程度推測できます．クチコミにユーザー ID が紐づけられているとテキストを集約することができますが，完全匿名のメディアでは集約することはできず，また，一つひとつの短いクチコミだけから著者属性を推定するのは精度的に困難です．さらに，ユーザー ID で管理されたメディアの場合にはプロフィールを自分で書けるようになっている場合も多く，その場合にはより詳細な著

表 3.1 各 CGM メディアの特徴．テーマの有無や対話型かどうかなどの差異がある．表に記載の特徴は全般的な傾向を示したもので，サイトや記事によって例外も多い．▲とした項目はどちらのタイプも数多くみられるもの．権利関係（3.1.5 項）については個別の規約確認が必要なことから，本表では記載を省略する．

メディア	テーマ有無	対話型	不特定向け	ID の有無
ブログ	なし	独話	▲	あり
短文（ツイッター）	なし	独話	特定少数	あり
レビュー	あり	独話	不特定多数	あり
掲示板	▲	対話	不特定多数	▲
Q & A	▲	対話	不特定多数	あり
ウィキ	あり	独話	不特定多数	あり

者属性を獲得できます．

　著者属性が判明すると，例えば男性のクチコミ対女性のクチコミや，関東と関西での評判の比較というように，属性ごとのクチコミ分析が可能になり，いろいろな観点でのマーケット分析に役立つでしょう．

3.1.5 集中した権利者がいるか，個々人が権利を有しているか

　各メディアがどのような運営者によってどのような権利関係で運営されているかという点は，二つの点で影響を持ちます．一つ目のポイントはクチコミコンテンツをどのように収集するかという点に関係し，二つ目のポイントはコンテンツをクチコミ分析に利用するための権利処理に関係します．クチコミコンテンツの収集については3.2 節で，権利処理に関しては3.4 節で述べます．

3.2 CGM コンテンツの収集

　本節では CGM コンテンツを収集する手段について述べます．CGM の場合にはサイトに **RSS** フィードが用意されていることが多く，収集の手掛かりになります．アクセスのための **API** が提供されていて，他のアプリケーションからのコンテンツ利用が可能になっている場合もあります．こういった手段が用意されていない場合には**クローラー**を用いる必要があります．

```
<item rdf:about="http://a.blog.service.jp/blogowner/kiji/0123456890">
  <title>クチコミ分析構築日記-（4月1日）</title>
  <link>http://a.blog.service.jp/blogowner/kiji/0123456890</link>
  <description>
    評価表現辞書にバグを発見. 半角カタカナが混在していた. システム内部では...
  </description>
  <dc:creator>blogowner</dc:creator>
  <dc:date>2017-04-01T22:26:09+09:00</dc:date>
</item>
```

図 **3.1** RSS フィードの例. 各記事情報 (`<item>`) の主要部分を抜粋したもの. `<item>` 中に含まれているカラムはサイトによって異なる. `<title>` は記事のタイトル, `<link>` は元記事の URL, `<dc:creator>` は記事の著者, `<dc:date>` は配信日時である. `<description>` は一般には記事全文ではなく要約が含まれていることが多い.

▎3.2.1 RSS フィードによる収集

RSS フィードによる収集の代表ケースは, ブログを収集する場合です. RSS とは RDF Site Summay（もしくは Rich Site Summary）の略で, 各サイトのタイトルや更新日時などの要約を, **メタデータ**の形で配信するものです. 多くのブログサイトでは新着記事の一覧を RSS ファイルで配布するサービスをしており, この RSS ファイルを定期的にチェックすることで, 新着記事を網羅的に集めることができます.

図 3.1 は RSS フィードの例です. フィード中に含まれているカラムはサイトによって異なりますが, `<title>`, `<link>`, `<description>`, `<dc:creator>`, `<dc:date>` などは一般に含まれています.

RSS には, ブログのタイトルと概要テキストが含まれているので, このテキストを対象にクチコミ分析システムを構成することも可能です. ただし, RSS に含まれているのは本文全文ではなくその要約であることが多く, 抽出可能なクチコミ情報は限られます. 本文全文を対象としたクチコミ分析を行うには, RSS に記載されている URL にアクセスして, HTML ファイルを取得する必要があります.

▎3.2.2 API による収集

サイト運営者が, クチコミデータの配信 API を用意している場合もありま

す．この場合には API を通じてクチコミを取得するのが望ましいでしょう．また，こういったサイトでは API を経由しないで大量にダウンロードすることを禁じている場合もあり，その場合には API 経由での取得が唯一の手段ということになります．API の規約としては，ある一定量までは無料で，それを超える場合には別途契約，という規定となっている場合がよく見られます．個々のサイトの規約を確認して収集系を組み立ててください．

各 API の使い方は，概ね各サイトのヘルプページに記載されています．また，文献 [5] のような解説書もありますので適宜参照してください．

3.2.3 ウェブクローラーによる収集

RSS フィードや API が提供されていない場合には，ハイパーリンクをたどるウェブクローラーを用いて収集することになります．起点となるウェブページをいくつかクローラーに指示すると，クローラーは，取得したページから抽出されたリンクを次々にたどって広い範囲のページを集めます．CGM の場合には，運営事業者がコンテンツを集中的に保持していることが多いことから，必然的にクロール先も特定のサーバーとなります．安易にクローラーを運用すると特定サーバーへの集中的なアクセスとなり，クチコミ運営事業者の業務妨害になってしまう場合もありますので，仮に規約でこういったクローラーの来訪を禁じていなかったとしても，慎重な運用が必要です．

3.3 スパムとマルチポストの検出

クチコミ分析システムの構築にあたって考慮すべきものの一つに，**スパム**記事の検出・除外があります．スパムは特にブログで顕著で，スパムブログのことを**スプログ (splog)** と呼びます．スパム記事の目的は大きく分けて二つで，一つはある特定の商品[15] の認知度を高めること，もう一つはどこか別のサイトに誘導して，そこで購買等の何らかの消費者行動につなげることです[16]．

スパム記事を適切に除外できないと，クチコミ分析は以下の点で不都合があります．

まず，クチコミ分析の目的（第 1 章）を思い出すと，その主要な用途は消費者が何を考えているかの把握でした．ところが，スパム記事は消費者が執

[15] ここでは広い意味での商品です．すなわち特定の政策や何らかの主張なども含むと考えてください．

[16] 誘導目的のスパムには，直接人間のクリックを誘うものの他に，リンク先サイトの検索ランキングを上げる SEO 目的のものもあります．スパム記事によって検索エンジンで上位に表示されるようにすることで，結果としてそのサイトへの訪問者数が増えることを狙っています．

筆したものではなく，むしろ商品供給者や流通者側が執筆しています．この一点だけをとってみても，スパムが分析対象に含まれるのは不適切です．

スパムの中にはある意見を声高に述べたものもあります．こちらは執筆者の「意見」ではあるので抽出整理されることには一定の意味がありますが，問題は「声高」という点です．すなわち，スパムの場合には同一の意見が声高に（＝大量に）投稿される傾向があり，重複投稿（**マルチポスト**）を適切に除外できないと頻度統計のゆがみが生じてしまいます．

また，すべてをスパムと呼ぶべきかどうかは微妙ですが，ブログの中には，新商品の告知記事や広告文面をそのまま転記（コピー＆ペースト；略してコピペ）して，ECサイトへのリンクを貼ったものもあります．これは，ECサイトへ見込み客を誘導することで，**アフィリエイト**プログラムによって，報酬がブログオーナーに支払われるためと考えられますが，こういった記事には執筆者自身の意見や感想はあまり記述されていないものが多く，記事全文がほぼコピペ内容で構成されています．広告文面の中には，供給者側の宣伝なのか消費者の意見なのかを見分けることが難しいテキスト表現も多く，したがって，アフィリエイト目的の記事がクチコミ分析対象に含まれてしまうと，適切な分析結果を得ることが難しくなってしまいます．

スパムには一定の特徴があり，人間がじっくりと読むとスパムかどうか判定できますが，そもそもの目的が読者の認知度を高めたり購買行動につなげたりすることですので，一目では見分けにくい文面になっていることがよくあります．したがって，コンピュータでの自動判定はあまり容易ではありません．以降では，スパムを記事単独で判定する手法と複製テキストを検出する手法の2通りを紹介します．両手法は検出できるスパムの種類が異なりますので併用が望ましいでしょう[17]．

3.3.1　スパム記事の検出

まずスパム記事単独での検出手法について考えます．

統計的なテキスト処理技術が最も早く応用されたものの一つに，スパムメールの検出機能があります．大量のスパムメール・非スパムメールを教師データとして文書分類器を学習させる手法は大きな成功を収め，現時点でもメールスパムフィルターの主流方式です．

クチコミスパムの判定においても，スパムかどうかを判定する文書分類器を組み立てるのが基本的な考え方です[6]．

[17] スパム検出のためにはある程度のテキスト解析が必要ですので，スパムかどうかの判断は途中まで解析が進んでからになります．対象のクチコミ記事範囲を定める営みという意味で本章で述べますが，実際のスパム判定は必要な解析情報がそろってから実行します．

分類器で利用する特徴としては，bag-of-words や n-gram 等のテキスト特徴に加え，記事中に貼られた URL とアンカーテキストが有効です．これはスパム記事の主要な目的が外部サイトへの誘導なので，必然的に記事中に外部リンクが含まれるためです．リンク先がアフィリエイトサイトかどうかという特徴と，読者のクリックを誘うアンカーテキストの特徴は手掛かりになります．文献 [6] ではその他に，記事中の固有表現の密度や URL の密度，同一内容の繰り返し度合などの特徴が提案されています．スパム記事の中には，とにかくポジティブな評価表現を並べて目を引こうとするものもありますので，記事中に含まれる評価表現（4.2.1 項）の密度も特徴として利用できるかもしれません．

記事内容以外の手掛かりとしては，ブログサイトの URL や IP アドレスのブラックリストが整備できると有効です．ブラックリストでのスパム判定は，記事の中身を見なくても可能ですので，記事収集量を減らすという効果もあります．また，記事投稿頻度や投稿間隔にも特徴があります．例えば，普通のブログは早朝時間帯の投稿量が減るなどの，時間帯によっての変化がみられますが，スプログは 24 時間あまり変化がないと報告があります [7] ので，こういった特徴を利用することも考えられます[18]．

ブログサイトのブラックリスト化をさらに進めて，ブログサービスを選別する方針も考えられます．ブログサービスの運営方針によって，スパムが多いサービスや比較的少ないサービスといった傾向があります．スパム除外の方針をとるサービスでは，機械による自動投稿を検知してブロックしているところもあります．CGM の量よりも質を重視する場合には，こういったサービスのみを対象にすると，分析に適した良質の CGM が得られやすくなります．

3.3.2 複製記事の検出

ウェブテキストを対象にした統計処理を行う際に考慮が必要なポイントに，**複製ページ** (duplicate) の問題があります．大量の複製ページがあると統計値の偏りが生じる恐れがあり，複製関係にあるページの除外や，統計値の補正が必要となります．クチコミ分析における代表的な尺度の一つに好評不評の比率がありますが，大量の複製投稿にシステムが騙されると，例えばごく少数のネガティブ意見に引きずられて全体の好評を見失う，といった可能性もあります．

複製ページはいろいろな原因で生成されますが，クチコミ記事の複製で問

18) ただし，こういった特徴はコンピュータで偽装することも容易ですので，検出技術とのいたちごっこになります．やはり好ましいのは，アフィリエイトサイトへの誘導のような，スパムの本来目的に根ざしていて，スパマーにとって避けがたい特徴を捕らえることと考えられます．

題になるのは，重複投稿と他ページの過大な引用です[19]．重複投稿は，同一の内容をあちこちのブログサイトや掲示板に投稿したり，何度も同一内容で別記事を投稿したりといった場合で，これは代表的なスパムと言えます．過大な引用はいわゆるコピペブログ（コピー＆ペーストブログ）で，例えばニュースの全文やリード段落をブログにコピーし，一言だけコメントをつけて，もしくは一切コメントをつけずにブログ記事にするような場合です．また，多数のニュースのリード段落だけをコピーし，一種のまとめ記事として投稿しているものもあります[20]．

したがって，複製にはいろいろなレベルがあり，完全に一致しているものから，大部分が複製で一部分だけが異なっているもの，部分的に引用しつつ記事を構成しているものなどに分かれます．これらを検出するためにはいくつかの技術を用います．

■完全一致記事の検出

まず，完全一致の検出です．二つの記事が完全一致してるかどうかの判定は何ら難しいことはありませんが，第2章で述べたように記事数は膨大ですので，全数の総当りで一致を判定するのは現実的ではありません．大量の記事から完全一致しているものを発見するには，個々の記事のハッシュ値を求め，ハッシュ値での索引を作成することで，完全一致を発見します．ただし，完全一致と言ってもそれは記事本文のことで，HTMLページ全体を見れば，例えば配信日時の表示が異なっていたり，関連記事へのリンクが別のものになっているなど差異がある場合があります．ハッシュ化は本文抽出（5.1節）を終えたテキストを対象にします．

■大部分が一致した記事の検出

次に，大部分が複製で細部が少々異なっている場合です．このような複製を **near-duplicate**[21] と呼び，検出技術を near-duplicate detection と呼びます．

near-duplicate かどうかの尺度には，文書内要素の重なり具合を表す**Jaccard 係数**や，文書ベクトル間の角度を用いた**コサイン類似度**などの文書間類似度を用いますが，膨大な記事数を対象にこれらを総当りで計算するのは大変です．そのため near-duplicate の検出でもハッシュを用いて大まかなあたりをつけます．ただし，ここで用いるのは通常のハッシュではなく，**局所性**

---

19) 複製ページが生じるケースの代表的なものに，同一記事が複数の URL に配信される場合があります．同一の記事が，提携している複数のニュースサイトに配信されることはよくあることですし，単一のサイト内でも「新着記事」のページと「政治カテゴリ」のページに同一の内容が（異なった URL で）配信されている場合もあります．ただし，CGM の場合には収集時に重複しないように考慮しながらクローラーを設計すると，こういった機械的な重複は比較的容易に避けることができます．

20) RSS フィードの<description> には記事の冒頭部分だけが入っていることが多いため，RSS を機械的に HTML に変換して投稿するとこのようなブログができあがります．

21) 日本語訳はあまり定まっていません．「準同一」や「部分複製」と訳したり，単に「類似」と呼ぶ場合もあります．文献 [8] の邦訳 [9] では「ほぼ複製」と訳を当てています．

鋭敏型ハッシュ (locality sensitive hashing; **LSH**) という変わった性質のハッシュです.

通常のハッシュはハッシュ化対象コンテンツが 1 ビットでも異なっていると全く違うハッシュ値になりますが, LSH はコンテンツ間距離をハッシュ値が反映するように設計され, コンテンツ間距離が近いとハッシュ値が一致する確率が高いという性質を持ちます. (3.1) 式で $\mathcal{F}$ はハッシュ関数の集合で $\mathrm{sim}(x, y)$ が x と y の類似度です. $\mathcal{F}$ からハッシュ関数 h を一つ取り出したとき, h で求めたハッシュ値 $h(x)$ と $h(y)$ が一致する確率が類似度と等しいことを示しています [10].

$$P_{h \in \mathcal{F}}[h(x) = h(y)] = \mathrm{sim}(x, y) \tag{3.1}$$

したがって何種類かのハッシュ関数で記事のハッシュ値を求め, 値が一致している数を数えると near-duplicate かどうかを判定できます.

LSH の作り方の概略を二つ紹介します.

一つは **minhash** と呼ばれる手法で, 集合間の Jaccard 係数を反映するものです [11].

$$P_{h \in \mathcal{F}_{\mathrm{minhash}}}[h(d_1) = h(d_2)] = \frac{|S(d_1) \cap S(d_2)|}{|S(d_1) \cup S(d_2)|} \tag{3.2}$$

(3.2) 式の右辺は, 二つの集合 $S(d_1)$ と $S(d_2)$ に含まれる要素のうちの共通要素の割合を表した係数です. near-duplicate の検出に使うためには, 要素として**シングル (shingle)** と呼ばれるものを使います. 文献 [11] では, shingle として単語の 4-gram を採用しています.

文書を shingle の集合 $S(d_j)$ として表現し, 各 shingle を複数のハッシュ関数 g_i でハッシュ値化します ($i = 1, ..., m$). ハッシュ関数としては例えば 64 ビットのものを用いることとし, ハッシュ関数のバリエーションは 64 ビットをランダムに並べ替えることで実現します. ハッシュ関数 g_i は例えば 200 個 (200 通りのランダム並べ替え; $m = 200$) 用意します. したがって各文書について 200 組のハッシュ値集合 $(H_1(d_j), ..., H_{200}(d_j))$ が得られます. 個々のハッシュ値集合 H_i から, ハッシュ値が最小の要素 $x_j^i = h_i(d_j) = \min(H_i(d_j))$ を一つずつ選ぶと, 各文書が 200 個の 64 ビット整数 $\psi(d_j) = (x_j^1, ..., x_j^{200})$ の**スケッチ (sketch)** で表現できます. 二つのスケッチ間で 200 個のうちの何個が一致するかを数えると, Jaccard 係数が求まります.

手順にするとややこしく, また厳密に (3.2) が成り立つかどうかは証明が必

要ですが，直感的な理解はそんなに難しくありません．ランダムなハッシュ関数 g_i それぞれでの最小値要素を選ぶということは，shingle の中からランダムに一つを選ぶということを意味します．そして，ランダムに選んだ要素がたまたま同一のものである確率は，二つの集合間の共通要素割合から算出できます．

もう一つの手法は **simhash** と呼ばれる手法で，ベクトル間の角度が反映されます [10].

$$P_{h \in \mathcal{F}_{\text{simhash}}}[h(\vec{d_1}) = h(\vec{d_2})] = 1 - \frac{1}{\pi}\theta(\vec{d_1}, \vec{d_2}) \tag{3.3}$$

上式で $\vec{d_j}$ は文書 d_j を bag-of-words などの方法でベクトル化したもので，$\theta(\vec{d_1}, \vec{d_2})$ は $\vec{d_1}$ と $\vec{d_1}$ の間の角度です．θ の大小で文書ペアが類似しているかどうかを判定します[22].

simhash では，二つのベクトルの角度が小さいか大きいかを判定するために，ランダムな超平面が両ベクトルを切り分けるかどうかを計算します．原点を通るランダム超平面を考えたとき，二つのベクトルの角度が小さいと，両ベクトルは超平面の同じ側に向いている可能性が高いでしょう．逆に角度が大きいと，超平面は両ベクトルを分断して，二つのベクトルは超平面の反対側に向いていることが予想されます．

この考え方を実装するにあたっては，各文書ベクトルがランダム超平面の表側にあるならば1，裏側にあるならば0となるハッシュ関数を用います．例えば文献 [12] では，64個の超平面を用意して各ドキュメントについて64ビットのフィンガープリントを作成し，異なった箇所が最大3ビットまでのペアを near-duplicate と判定することが述べられています．

両 LSH 手法ともに，ハッシュ値の一致度合いを求めることで near-duplicate が検出できますが，依然として，膨大な文書群間の照合をいかに効率的に実現するかという問題が残っています．文献 [11] [8] [12] などにはペア照合量を削減するための索引の作り方が述べられていますので，大規模実装を試みる方は参照ください[23].

■引用関係の検出

完全一致と near-duplicate の検出は文書全体の複製を発見するものでした．これらは主としてウェブサーチエンジンでの利用を目的に開発されてきたもので，複製記事をインデックスから除外したり，検索結果をグルーピングす

---

22) コサイン類似度とは $\cos(\theta)$ ですので，角度 θ で閾値判定することとコサイン類似度 $\cos(\theta)$ で閾値判定することは同等です．

23) ただし，これらの実現は AltaVista や Google といった大規模サーチエンジンで用いられているとされているもので，実装するにはかなり大規模なインデックスの構築が必要となります．

ることに用いられています.

　クチコミ分析での利用を考えたときには，完全一致だけではなく部分的な一致も悪影響が考えられます．広告記事を引用したCGMの場合には，例えば「かつてない鮮やかな画面」のような広告中の宣伝文句を，著者の意見と誤認識してしまう可能性があります.

　部分的な一致を検出するためには，文書をセグメントに分割し，セグメント間の完全一致，もしくはnear-duplicateを検出する方法が考えられます．しかしながら，どのような範囲が引用されるかは著者がどう切り取るかによりますので，セグメント範囲を一意に定めることはできません．ここでは，セグメントとして比較的小さい単位を定義し，連続したセグメント一致を探索することで引用箇所を検出する手法を紹介します[13].

　まず，セグメントとしては，いろいろな引用範囲に対応できるように1文1セグメントとします．次に通常のハッシュ関数を用いて各セグメントをハッシュ値化します．紹介文献では32ビットのハッシュ値を用いています．ハッシュ値化された各セグメントは**接尾辞配列 (suffix array)** のインデックスに格納します．各文書を接尾辞配列インデックスと照合し，一定長以上のセグメントが一致するならば，そこに引用箇所があったと判定します.

　引用箇所の検出は，全体複製の検出とは少々異なる運用が望ましいかもしれません.

　全体複製の検出はマルチポストの検出が主な目的でしたのでクチコミ記事間の照合を行いますが，引用検出の場合には，引用する対象の「原典」文書は主にクチコミ記事外にあることが想定されます．引用されやすい原典はある程度限定可能で，代表的なものはニュースや商品情報，広告，ウィキペディアなどです．したがって，これら文書の入手が可能な環境でクチコミ分析システムを運用するのであれば，原典文書のインデックスはクチコミ記事とは独立に構築し，クチコミ記事を受信するたびに引用部分が含まれているかを検出する構成とすると効率的に運用できます.

3.4　CGMコンテンツの権利処理

　ウェブコンテンツを利用する際には，権利関係を意識しなくてはなりません．個人で使うのであれば大きな問題になることはあまりありませんが，クチコミ分析の結果を企業活動に活用しようとしたり，分析結果を情報発信し

たりする場合には，利用規約（契約）と著作権法の十分な考慮が必要です．

関連法規の解釈や契約の妥当性の判断といった論点は本書の範囲を超えますので，本節ではどういった方面に留意すべきかだけ紹介します．実際のシステム開発や運用にあたっては法務部門・知的財産部門等へ相談することをお勧めします．

3.4.1 サイトごとにどんな権利タイプがあるか

権利関係の詳細は個々のサイトの利用規約に依存しますが，大別すると以下の種別があります．

(1) サイト運営者が全権利を有していて，サイトの利用規約に権利関係が規定されている場合
(2) 基本的には個々の投稿者が権利を有していて，サイト運営者は個々の投稿内容に対して掲載場所を提供しているだけの場合
(3) 投稿されたコンテンツにはクリエイティブ・コモンズなどのオープンライセンスが適用される場合

(1) に属する代表は商品のレビューサイトです．例えば通販サイトで商品のレビューを投稿できるサイトは多数ありますが，これらサイトではレビューテキストの権利は通販サイトが有している場合が一般的です．

ブログは概して (2) に属しています．サイト運営者は一定の権利を有しているものの，大部分の権利は投稿者に残っています．ブロガーは時折ブログサービスを引っ越すことがあると思いますが，これはブロガー自身が自分の投稿文章について権利を有しているためです．とはいえ，ブログサイト側で何らかの規約も設けている場合もあり，個々に確認が必要です．

(3) のオープンライセンスが適用されるコンテンツはウィキペディアが代表的です．ただ，オープンライセンスを適用する目的は，そのコンテンツを利用して新たなコンテンツを生成することを促進するという場合が一般的ですので，当該コンテンツにはあまり「意見」は書かれていません．クチコミ分析システムとしてはあまり対象にすることが少ないともいえます．

3.4.2 どんな規定を考慮に入れるべきか

さて，それぞれの類型に応じて，クチコミ分析者とクチコミ分析システムの開発者はどのように権利処理すべきでしょうか．

（1）のタイプの場合には，コンテンツを商用利用することを禁じている場合が多数です．特に分析結果をウェブ公開したり販売したりといった形態は規約違反とされていることが多く，また，これらサイトから機械的にクロールすること自体が規約違反になる場合もあります．これらサイトを対象に商用利用を企画する場合にはサイトオーナーとの契約締結が必要になりますが，サイトによってはテキスト取得量に上限を設けて，その範囲での利用を簡単なサインアップ程度で認めている場合もあります．

（2）の場合には著作権法の範囲内での利用が基本になります．権利者である個々の投稿者が何らかの利用規約を定める可能性はありますが，ブログサイトに投稿するということはそのサイトの投稿規約に則っての投稿であり，ブログサイトで公表されることを投稿者は許諾していると考えられます．公表された著作物の利用においては著作権法の規定に従うことになりますが，クチコミ分析の場合，著作権法四十七条の七「情報解析のための複製等」が一番関連が深くなります．企画している分析システムでの利用内容と条文を照らし合わせて判断してください．

第四十七条の七　著作物は，電子計算機による情報解析（多数の著作物その他の大量の情報から，当該情報を構成する言語，音，影像その他の要素に係る情報を抽出し，比較，分類その他の統計的な解析を行うことをいう．以下この条において同じ．）を行うことを目的とする場合には，必要と認められる限度において，記録媒体への記録又は翻案（これにより創作した二次的著作物の記録を含む．）を行うことができる．ただし，情報解析を行う者の用に供するために作成されたデータベースの著作物については，この限りでない．

なお，（2）のタイプであっても一般にサイト自体の利用規約は存在しています．ここで何らかの禁止規定がないかを確認することは，いずれにしても必要となります．

あまりクチコミ分析では登場しませんが，オープンライセンスの場合についても簡単に述べておきます．オープンライセンスでは，元の著作物を改変して得られた二次著作物について，同様のオープンライセンスを適用することを規定している場合がよく見られます．例えばクチコミの内容を要約した二次著作物を配布する場合には，そのテキストを同様にオープンにすることを求められる場合が考えられます．オープンライセンスの権利処理の詳細については多数の解説文書がありますので適宜参照いただければと思います．

3.5　この章のまとめ

　本章では，クチコミ分析の対象となる CGM テキストを集積するために必要な一連の営みについて述べました．まず対象テキストの性質を整理し，次に収集技術について述べ，さらに収集対象のクリーニング（スパムの除去）について述べました．最後に技術から少々離れて，クチコミテキストを取り扱うにあたっての権利関係の処理についてその必要性に言及しました．

第4章

クチコミの意味表現

クチコミ分析システムにおけるクチコミの理解とは，消費者が記述したテキストやその周辺情報を，時系列集計やクロス集計などの集計演算が可能なデータ構造にマッピングすることを意味します．ブログやマイクロブログのような自然文で記述されたテキストは，そのままではコンピュータでは演算できません．コンピュータでの演算を可能にするためには，自然文から情報を抽出した上で，構造化情報としてデータベースに蓄える必要があります．

本章では，クチコミ分析のために自然文テキストや周辺データベースから取り出すべき情報と，そのデータ表現について述べます．

▌4.1　クチコミが生成されるプロセス

コンピュータ上に表現すべきクチコミの内容や，その執筆背景情報として何があるかをリストアップするために，クチコミ執筆のプロセスにおいて，どのような情報をもとにどのような情報が生成されていくかを考えてみましょう．

まず，CGM というメディアに記述された個々のテキストメッセージのことを**記事**と呼ぶことにしましょう．記事とは，ブログであれば一つのエントリ，ツイッターであれば一つのつぶやきが該当します．Q&A サイトであれば，質問 (Q) は一つの記事であり，それぞれの回答 (A) も記事です．

また，クチコミを執筆する人物のことを，CGM（消費者生成メディア）という用語に敬意を表して以降では**消費者**と呼び，クチコミで言及される対象（商品）のことを一般化して**対象物**と呼ぶことにします．ただし，「消費者」という言葉は消費される対象物との関係性によって成り立つ言葉ですので，消

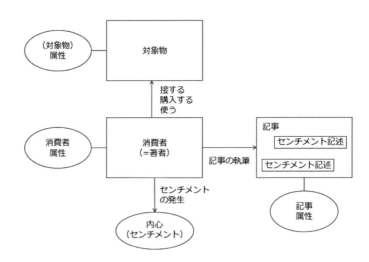

図 4.1　クチコミ執筆のプロセス．消費者は商品等の対象物に接し，何らかの内心状態を発生させる．クチコミ記事は発生した内心状態に基づいて執筆される．

費行動とは別の記事執筆の文脈では**著者**とも呼ぶことにします．両者は実体としては同一物を指し[24]，役割によって呼称を使い分ける場合がありますが，文脈から独立した場面では消費者と記述します．

　消費者（著者）が対象物に関する記事を執筆するまでのプロセスをモデル化します．消費者はある対象物に触れ，手に取り，購入し，使い，何らかの印象や評価などを持ち，そのことによって消費者内部に何らかの感情を発生させ，そして誰かにそれらのことを伝えようと（もしくは伝える目的ではなく自身のために記録しようと）パソコンやスマートフォンに向かい記事を執筆する，このように考えることができるでしょう．

　ここで登場する事物は「消費者」「対象物」「記事」で，プロセスは「消費者と対象物の接触」「消費者の内心の変化」「記事の執筆」です．また，各事物はそれぞれ何らかの属性を持つと考えると，図 4.1 のように図示できます．消費者の内心とは対象物に関する心的状態で，先ほど例示したものは印象，評価，感情でした．これらの内心をまとめて**センチメント**と呼ぶことにしましょう．

　また，記事中でセンチメントの内容を表現した箇所を**センチメント記述**と呼ぶことにします．記事は必ずしもセンチメント記述だけで構成されているわけではなく，あいさつなどのコミュニケーション要素や，客観的な事実を述べている部分もありますので分けて考えることにします．

[24] 消費者と著者は常には一致せず，伝聞を記事にするような場合には両者は別の人物になります．伝聞（取材）に基づく記事はマスメディアでは普通のことですが，CGM の場合には伝聞のクチコミが記述される例はあまり多くありませんので，ここでは一致するとして取り扱うことにします．

クチコミ分析で中心となるのは「センチメント」です．そして，消費者の内心に生じたセンチメントを記事から再現するのが，クチコミ理解のコンピュータ処理です．また，消費者と対象物，および両者の接触に関する情報は，センチメントが発生する背景（文脈）の情報であり，センチメント理解とクチコミ分析のために必要となります．各記事にはより詳細な背景情報が記述されていますので，併せて構造化を進めます．

以下では，どのような情報をどのように構造化して蓄えるべきかについて議論します．

4.2　クチコミ情報の構成要素

4.2.1　センチメント

対象物に接したことで生じた消費者の心的状態をセンチメントと呼ぶことにしました．センチメントには評価，印象，感性，感情などが含まれます．それぞれには厳密な定義があるわけではなく，また取り立てて区別せずともクチコミ分析のためには支障がない場合も多いのですが，頭の整理のために類型化を試みます．類型の一覧を表4.1 (p.41) にまとめましたので，適宜参照しながら読み進めてください．

■評価

対象物に対するセンチメントとしては，まずは，その対象物が良いか悪いかという**評価**が考えられます．

(1)　前から欲しかった X を買ってきたよ．最高！

上記の例文は対象物 X が全体として良かったのか悪かったのか，という観点で好評価を述べたものです．しかし，評価は対象物全体に関するものだけではありません．例えば，

(2)　X は，デザインはいいけどちょっと重い．

という記述を考えてみましょう．これは，対象物 X に関して，

- "デザイン"： ポジティブ

- "重さ"：ネガティブ

という二つの評価を表現した記述と考えられます．これを表現するためには二つのタプル（組）で，

$$\langle \text{"X"}, \text{"デザイン"}, \text{"いい"}, P \rangle \tag{4.1}$$

$$\langle \text{"X"}, \text{"重さ"}, \text{"重い"}, N \rangle \tag{4.2}$$

と記述するのが適当です [14]．ここで，「デザイン」や「重さ」を**属性**[25]，「いい」や「重い」を**評価表現**，P/N を**極性**と呼ぶことにします．また，評価表現に後述の感性表現や感情表現を加えた総称を**主観表現**と呼ぶこととします．

P/N については二値で考えることもできますが，その程度を考えることも可能です．「最高！」という表現と「悪くないね」という表現はどちらもポジティブな評価を表していますが，その程度には差があると考えられますので，評価度合として数値化して保持すると有益でしょう．

表現によっては良いか悪いか分かりにくいものも考えられます．例えば，

(3) へえ，小さいんだね．

のような記述は，この箇所だけ見るとそれがポジティブなのかネガティブなのか判然としません．ポジティブネガティブを量的に把握したいという場合には，こういったセンチメントはあまり役に立ちませんが，少なくともこの消費者はこの対象物の「大きさ」という属性に着目した，という情報は得られます．

以上をまとめて，評価は，コンピュータ内部で下記のようなデータ構造で表現することとしましょう．

$$\langle \text{対象物}, \text{属性}, \text{主観表現}, \text{極性} \rangle \tag{4.3}$$

属性には特殊な属性として Φ というトークンを用意し，全体に対する評価を表すこととします．また，極性には P，N の他に PN という極性不明を認め，評価度合を表現したい場合には P0.5 のような中間値を認めることとすると，統一的な枠組みで評価を取り扱うことができます．

後ほど述べますが，評価以外のセンチメントでもこのデータ構造を用います．本書では (4.3) の基本データ構造を**センチメントタプル**と呼ぶことにします．

センチメントタプルの各要素はさらに構造を持っていることが考えられま

---

[25] 後ほど「消費者属性」という要素も登場します．これと紛らわしいときには対象物の属性を「対象物属性」と呼ぶこともあります．

す. 例えば, 例文 (3) には「大きさ」という表現は陽には記述されていないので, タプルに属性を格納するためには, テキストをコンピュータで解析して属性を機械推定 (5.3.3 項) する必要があります[26]. 機械推定された「大きさ」は, 文中に出現した表現 (リテラル) とは区別して一種のクラスと扱うべきです. したがって, 属性とは**属性表現**と**属性クラス**のペアとすることとします.

$$属性 = \langle 属性表現, 属性クラス \rangle \tag{4.4}$$

同様に, 対象物や主観表現についても, リテラルの他に識別子 (ID) やクラスを与えることも考えられます. 記事中に出現した対象物に, 辞書等の何らかの手段で ID が与えられていると, 5.6 節で述べるような名寄せの問題が生じないので, クチコミの集約が進めやすくなります.

なお, 実際にセンチメントをデータベースに蓄える際には, ここで述べたセンチメントの意味内容に関する情報に加えて, 属性表現に後続していた付属語や, 主観表現の終止形 (もしくは終止形を生成するために必要な文法情報) も併せて格納しておきます. これら情報は, 主として, テキスト生成 (第 6 章) の素材やクチコミ集約 (第 7 章) 時の集約キーとして必要となります.

■感性 (印象)

前項では, 主として良い悪い (評価) について情報構造化を考えました. しかし, 消費者が対象物に触れて感じ取るのは, すべてが良い悪いといった評価ではありません. 例えば,

(4)　X って思ってたよりふわふわだったよ.

の記述からは, 消費者が, X の手触りもしくは外観について「ふわふわ」という印象を持ったということが読み取れます. こういった感性情報をデータベースの索引に加えることで, **感性**に基づく検索が実現できます. 「ふわふわ」のような語を**感性表現**と呼ぶこととします. 感性表現は主観表現の一種です.

この例で, 「ふわふわ」は一般には X の手触りや外観という**側面**について述べたものと捉えることができます. 何の側面について言及したかを分類できていると, 対象物の詳細な感性分析が可能になります. 感性表現が言及している側面とは, 前項 (評価) で導入したセンチメントタプルの属性に相当します.

[26] 例文 (1) のような対象物全体に対する言及と, 例文 (3) のような属性表現の欠落については, 取扱いに注意が必要です. どちらも記事に属性表現が記述されていませんが, (1) が特定の属性を取り立てていないのに対して, (3) は「大きさ」という属性に対して述べています. センチメントを属性ごとに集計するような場合には, 両者は別のグループとなる必要がありますので, 属性クラスの推定器はこれらを区別できることが望まれます.

ただ，例文 (4) で「手触りがふわふわ」とは書かれていないように，感性の側面はあまり文中には記述されません．そのため，側面情報を得るには，例文 (3) から属性「大きさ」を推定したような機械推定が必要になります．

ここまで見てきたように，評価と感性は情報の構造としてはかなり類似しています．本節では，対象物に対する良いか悪いかの価値判断を経たものを評価，そうでないものを感性（印象）と称しましたが，評価の場合にも極性が不明なことがあったり，感性表現にも主として好印象の場合に用いられるものがあったりと，くっきりとは区別しにくい連続的なものと考えるべきでしょう．

■感情

評価と感性は対象物に関しての記述でした．一方で，対象物そのものについての記述ではなく，対象物に触れた結果として生じる，消費者自身の状態変化という要素も考えられます．

例えば，

(5)　嵐山で紅葉を見ました．とてもきれいで感動しました．

という例文で，「きれい」は「嵐山の紅葉」に関する評価と考えられますが，「感動した」というのはその結果生じた消費者のポジティブな**感情**と捉えるべきです [15]．ここで，「感動した」のような語を**感情表現**と呼ぶこととします．感情表現も主観表現の一種です．

感情を生起させる原因は**体験**です．体験の中には，対象物とは関係のないもの[27]もありますが，クチコミ分析の目的から考えて，ここでは対象物との接触に限ることにします．対象物との接触に限ると，感情は，

$$\langle 対象物，感情表現，極性 \rangle \tag{4.5}$$

とデータ表現できます．

ここで，(4.3) の属性に常に Φ を入れることとすると，感情もセンチメントタプルと同一の構造で取り扱うことができます．ただし，感情の場合には一点注意が必要です．評価と感性の場合には，一般に，「対象物 は （属性が）主観表現」という文を作成することができます．例えば，

(6)　X はデザインがいい．

(7)　X はふわふわだ．

---

[27] 散歩したり，早起きしたり，ケンカしたり．「早起きして散歩したら気持ちよかった」．

表 4.1 評価と感性と感情. これらは，言及している対象が何であるかと極性の有無で区別できる. 評価と感性は対象物についてであるのに対し，感情は著者自身に関する言及. また，評価と感情には極性がある.

種別	説明	言及対象	極性	例
評価	対象物に対する価値判断	対象物	あり	きれい，かわいい
感性	対象物の印象の知覚		なし	ふわふわ，おぼろげ
感情	体験の結果生じた著者自身の心的状態	著者自身	あり	感動した，腹が立った

などです. しかし，感情の場合にはこのルールで作文すると，

(8)　＊嵐山の紅葉は感動した.

となってしまい不適切です. 感情は対象物に対しての直接の言及ではなく，あくまで，消費者の体験の結果として生じた消費者自身の心的状態であることに注意してください.

4.2.2　消費者（著者）

消費者に関する属性としては，年齢・性別のような外形的な属性のデモグラフィック属性と，趣味や好きなブランドといった心理的な属性のサイコグラフィック属性が挙げられます. 本書ではこれらを**消費者属性**と呼びます. これら情報は，CGM のプロフィール欄や記事本文から抽出・推定します[28].

28) 抽出・推定手法は 5.10.1 項で述べます.

どういった消費者属性を蓄えておくべきかについては，クチコミ分析の主な目的が世論調査や市場調査の代わりであることを考えると，いわゆるマーケティングで一般的に分類されている属性を採用するのが適当です. 市場調査を請け負っている会社は多数ありますが，例えば，NTT コム オンライン・マーケティング・ソリューション社に登録している調査モニターは，住所や年代，職業などの 43 種類の属性を登録しています[29]. こういった体系を参考に抽出・蓄積する属性を決定するとよいでしょう.

29) `http://research. nttcoms.com/panel/ profile.html`（2018.3現在）

$$消費者 = \langle 性別, 年代, ...,$$
$$趣味, 好きなブランド, ... \rangle \qquad (4.6)$$

4.2.3　対象物

対象物に関する情報には，まずは，対象物が何であるかのクラス情報と，価

格やスペックのような属性情報があり，例えば，スペックが類似している対象物の間で，クチコミを比較分析したいといった用途が考えられます．分析対象商品が液晶テレビの場合を例に取ると，40〜50インチサイズの商品を列挙し，それぞれに対して消費者がどのような印象を持っているかを比較分析するといった場面があるでしょう．

　クラス情報とスペック情報は消費者の主観とは無関係なものですから，CGM文書から獲得するよりも，商品カタログなどから対象物データベースを構築するほうが合理的です．そのため，クチコミの理解という観点では対象外ではありますが，上記のような分析を実現するためにはデータベースを準備する必要があります．

　また，商品レビューサイトでは，商品の評価が数値（星の数）で付与されていることもよく見られます．ECサイトでは売れ行きランキングのような情報を配信しているかもしれません．こういった，クチコミテキスト以外から得られる評価関連情報を蓄積しておくと，クチコミ内容と比較集計することなどが可能になります．

$$対象物 = \langle\, 対象物クラス, 対象物属性情報,$$
$$評価関連情報 \,\rangle \qquad\qquad (4.7)$$
$$対象物クラス \in \{\text{“液晶テレビ”}, \text{“スマートフォン”}, \dots\} \qquad (4.8)$$
$$対象物属性情報 = \langle\, 価格, サイズ, \dots \,\rangle \qquad\qquad (4.9)$$
$$評価関連情報 = \langle\, 評価値, 売れ行き, \dots \,\rangle \qquad\qquad (4.10)$$

　ここでの対象物属性は，センチメントタプル (4.3) に現れる属性とは必ずしも一致しないことに注意してください．対象物データベースに格納される属性は，商品カタログやウィキペディアの Infobox[30] のような，何らかの属性体系で定められたものです．一方で，センチメントタプルに現れる属性には，客観的に数値化しにくい属性や，感性情報の側面などのように，属性体系に登場しないものも含まれます．例えば，ヘッドホンのクチコミ評価に「フィット感」のような属性が記述されることが考えられますが，こういった属性はカタログには記載されていないでしょう．

　両者における属性の差は，主観情報と客観情報の差と考えることができます．クチコミには主観的な情報が多く含まれますが，商品供給者としては，客観的な値がある属性でないとカタログに記載しにくいところです．ヘッドホンのカタログに「フィット感」が記載されていないのは，その客観値を測

---

30) Infobox とは，ウィキペディアの各ページの右上に配置されている，記事の主題についての要約情報をまとめた表のことです．ウィキペディアのヘルプページによると，日本語では「基礎情報」「情報表」「情報ボックス」「概要表」などと呼ばれています．

定することが困難だからと考えられます．客観値がある属性については，その客観値を主観的にどう思ったかというクチコミが考えられますので，これら属性については客観情報と主観情報の双方があり得ます．ヘッドホンの例では，カタログに「重さ」についての測定値「○○グラム」が記載してあり，クチコミには「予想以上に軽い」のような評価が記述されていることが考えられます．つまり，クチコミに登場し得る対象物属性は，(4.9) の対象物属性を包含した集合となります[31]．

4.2.4　記事

記事に関する情報には，大きく分けて，記事の書誌的事項と，記事内容に関する情報があります．

$$記事 = \langle\ 書誌的事項, 内容情報\ \rangle \tag{4.11}$$

書誌的事項とは各記事を同定するための情報で，記事の URL やタイトル，著者，執筆日時，配信サイトなどが考えられます．執筆日時の情報が得られていると，クチコミ量の時系列分析や，何らかのキャンペーン前後での評判の変化などの分析ができます．どのサイトから配信されたかの情報も，例えばメディアごとのクチコミ内容の傾向を把握するのに役立ちます．書誌的事項は，主としてメタデータとして記事に付随して配信されていますので，配信されたデータをそのまま構造化しておきます．

$$書誌的事項 = \langle\ URL, タイトル, 著者, \\ 執筆日時, 配信サイト, ... \rangle \tag{4.12}$$

書誌的な事項の他に，記事の内容を記述した情報も考えられます．

例えば，ブログ，マイクロブログでは，読者の検索の手助けとなることや，著者自身にとっての整理となることを狙って，著者が各記事に**タグ**を付与できるようになっていることが多く，これらタグ情報はメタデータとして配信されているか，もしくは，記事本文から容易に取得することができます．

EC サイトに併設のレビューサイトであれば，どの商品に関するクチコミかが特定できます．対象商品が特定できるとクチコミの理解が容易になります[32]．記事の主たる言及対象のことを一般化して**主題**と呼ぶことにします．

クチコミメディアによってはサイト内が体系整理されていて，政治や経済といった記事の**分野**情報や，主題が属する**カテゴリ**の情報が得られる場合が

[31] 対象物には，いわゆる属性 (attribute) の他に構成物 (part) や集合要素 (member) に関する情報もあり，例えば（ワイヤレスの）ヘッドホンの例では，「電池」や「スイッチ」といった構成物が考えられます[16]．「ヘッドホンXは電池が長持ち」のクチコミは，構成物「電池」の「使用可能時間」属性に関する言及ですが，評判分析においては構成物等を含めて「属性」と呼ぶことが一般的[17] ですので，本書でも「電池」等もヘッドホンの属性と称することにします．

[32] 3.1 節で述べたように，こういったサイトではクチコミ本文中には対象商品名が書かれないことも多く，配信時に主題情報を得ていないと，商品を特定することは極めて困難になります．

あります．Q&A サイトや掲示板であれば何らかのテーマ体系に基づいて掲示箇所が整理されていますし，EC サイトの場合にも商品は各サイトの商品分類に従って体系化されています．こういった場合には，何の分野・カテゴリに関する記事かの情報を取得し記事と併せてデータベース化しましょう[33]．

$$内容情報 = \langle タグ, 主題, 分野, カテゴリ, \dots \rangle \qquad (4.13)$$

これらの記事内容に関する情報は記事取得時に入手できることが望ましいところですが，情報が配信されていない場合でも推定できる場合もあります．例えば分野情報は文書分類器（5.7 節）によって付与できる可能性があります．本書では触れませんがソーシャルタグを自動推定する技術も多数提案されています（例えば [18]）．

4.3　クチコミ情報要素間の関係情報

前節では個々の要素の情報構造化について述べてきました．本節では要素間の関係情報について述べます．

4.3.1　消費者と対象物の接触

消費者は，対象物に対して良い悪いと感じる前に，対象物との間に何らかの接触を持ちます．その対象物を知っているのか，買ったことがあるのか，使ったことがあるのか，何らかのトラブルがあったか，といった情報は，マーケティングの観点では区別すると有益な場合があります．

例えば，実際に使った上で記述されたセンチメントと，使う前に記述されたセンチメントにはその意味に差があると考えられます．前者は実際の商品の**感想**が記述されている可能性が高く，後者は広告宣伝や他者のレビュー記事を元とした商品への**期待**などが記述されている可能性が高そうです．商品を改良したい商品企画部門は前者を重視すると思われ，どのように消費者とコミュニケーションをとるかを考えるマーケティング部門としては，後者のセンチメント分析から，企業から発したメッセージの評価や宣伝の改良を期待するでしょう．

同様に，購入したことがあるかどうかの情報は，流通を分析したい企業には有益です．高かった，安かったや，品薄だった，入手がたいへんだった，と

---

[33] 情報を抽出・構造化するという意味では異質ですが，実用上では，記事本文自体もデータベースに蓄えておくと，集約対象センチメントの絞り込みや，センチメント周辺の文脈表示などに利用できます．

いったクチコミは，POS データとつきあわせることで，消費者の考える適正価格（内的参照価格と呼ばれます）や流通状況を把握することへの寄与が期待できます．

推定された内容のデータ表現には二つの方針が考えられます[34]．まずはシンプルに消費者と対象物のペアで情報を保持する方針です．

$$\langle\,消費者,\ 対象物,\ 使用有無,\ 購入有無\,\rangle \tag{4.14}$$

大まかな集計には (4.14) の構造で十分ですが，より正確には，使用有無や購入有無が時間とともに変化することを考慮する必要があります．消費者はまず広告で商品を知り，何らかのクチコミ記事を執筆し，その後，実際に使ってみての感想を書くかもしれません．正確に構造化するには，上記の情報はセンチメントごとに用意し，

$$\langle\,センチメント,\ 使用有無,\ 購入有無\,\rangle \tag{4.15}$$

とすべきです[35]．

4.3.2　記事とセンチメント

消費者は，対象物との接触の結果生じたセンチメントを他の消費者と共有しようと記事を執筆します．この過程は，1.2.1 項で紹介した購買行動モデル，AISAS と AISCEAS における "Share" に該当します．執筆においては，単に「○○はかわいい」のように記述するだけでなく，対象物の購入経緯や使用経験など，センチメントが生じた背景情報を併せて記述することが一般的です．

クチコミを分析する側の立場から考えると，これら背景情報はクチコミの理解のための大切な情報を含んでいますので，可能な限り構造化を進めたいところです．しかしながら，「○○キャンペーンで△△さんがおススメしてたから買ってみた」といったクチコミや，「□□のニュースの背景に映っていた▽▽って何!?」など，一般化した意味構造の定義に困難がありそうなものも多数考えられます．

背景情報の意味構造を定めることには限界がありますので，ここでは，消費者が記事のどういったコンテキストにセンチメント記述を埋め込んだかの情報を保持しておくこととし，クチコミ理解に背景情報が必要となる場合には，システムではその文脈を提示して，背景理解は分析者に任せることとします．

34) 推定手法は 5.10.2 項で紹介します．

35) タプル (4.15) から対象物と消費者を得るには，対象物はセンチメントからたどり，消費者は，センチメントが含まれる記事からその著者をたどることになりますので，集計用途にはあまり適していない構造かもしれません．

分析者が記事原文を参照したい場面としては例えば以下のようなものが挙げられます.

- 時系列で見ると急に盛り上がっている. 何が起こっているのか確認したい.
- 集計結果を一覧表で見ているが具体例を読まないとピンとこない. 表のセルをクリックして原文を参照したい.
- そもそも読むべき記事を探すためにクチコミ分析を利用している.

これらの要求を満たすためには, 可視化する際にグラフや一覧表にリンクを埋め込んで, クリックなどで原文テキスト表示機能を呼び出せるようにしておきます. リンクを生成するためには, 各センチメントがどの記事から抽出されたかのポインタ情報を保持しておく必要があります. また, 呼び出された記事を表示する際には, そのセンチメントが出現した箇所をハイライト表示できると便利ですので, 記事中の出現文字位置も併せて格納しておきます.

$$\langle センチメント, 記事, センチメント出現位置 \rangle \tag{4.16}$$

▌4.4　この章のまとめ

本章では, クチコミ記事が執筆されるプロセスを分析することで, モデリングが必要な要素をリストアップしました. クチコミ記事が執筆される際には消費者と対象物の何らかの接触があったはずで, その接触に基づいて消費者の内心状態が形成され, 内心状態に基づいて記事が執筆されていると考えられます. また, 各要素にどんな情報項目があり, どんな情報が集約結果表示に必要になるかを, 例文や分析用途, 記事執筆プロセスなどを踏まえて整理しました. 本章で述べたタプルは表 4.2 で一覧にまとめます.

表 4.2 意味構造のまとめ．センチメントから記事までの四つは各事物の情報，他の二つは事物間の関係情報を表す．タプル内の各要素はさらに構造を持つ場合があり，例えばセンチメントタプルの "属性" は，記事中に出現した属性表現の場合と，何らかの属性体系で定義された属性クラスの場合，もしくはその両方の場合などが考えられる．

種別	タプル		本文
センチメント	〈 対象物, 属性, 主観表現, 極性 〉	(4.3)	4.2.1 項
消費者（著者）	〈 性別, 年代, ..., 趣味, 好きなブランド, ... 〉	(4.6)	4.2.2 項
対象物	〈 対象物クラス, 対象物属性情報, 評価関連情報 〉	(4.7)	4.2.3 項
記事	〈 書誌的事項, 内容情報 〉	(4.11)	4.2.4 項
消費者-対象物	〈 消費者, 対象物, 使用有無, 購入有無 〉 〈 センチメント, 使用有無, 購入有無 〉	(4.14) (4.15)	4.3.1 項
センチメント-記事	〈 センチメント, 記事, センチメント出現位置 〉	(4.16)	4.3.2 項

第5章

クチコミの解析技術

　自然言語テキストを構造化情報に変換するコンピュータプロセスは，**テキスト解析**と**情報抽出**という技術分野に属します．テキスト解析とは，文字列で表現された自然言語テキストを段階的に解析して，形態素情報や統語情報，意味情報をテキストに付与していくプロセスで，プロセスの各ステップごとに研究が進められています．情報抽出技術とは，テキスト解析のいずれかの段階の解析結果を入力として，そこから何らかの構造化情報を抽出する技術で，抽出したい情報の種別等に応じて多数のパーツが含まれます．

　両技術分野には，専門的な教科書や有力なオープンソース実装が多数あるパーツもあります．本書では，そういった汎用的な言語処理パーツについては紹介程度にとどめ，クチコミ分析特有の技術や，なかなかオープンソースの組合せでは実現できないパーツについて解説していきたいと思います[36]．

　本章では，クチコミ記事の構造化をどのように進めるのか，その解析・情報抽出技術について述べます．なお，狭義の「テキスト解析」には含まれないことも多いのですが，入手したクチコミ記事ファイルの内容を解析する技術の全体像という意味で，**本文抽出・スクレイピング**の技術についても本章で述べたいと思います．

[36] 本書で紹介するオープンソースや言語資源の利用にあたっては，そのライセンス条件を利用形態と照らし合わせた上で採否を判断してください．

5.1　本文抽出・スクレイピング

　収集された記事は，その収集手段に応じて，HTML や RDF，JSON など様々なフォーマットで記述されています．RSS フィードから得られた RDFや，API から得られた JSON 等の形式の場合には，タイトルや本文といった

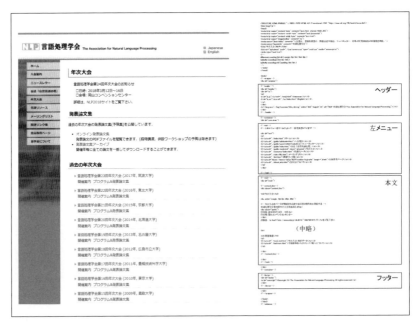

図 5.1 ウェブページと HTML ファイルの例．ページ本文領域に加えて，ヘッダーやメニューの領域などから構成される．

箇所を抽出するのは比較的簡単で，XML/JSON のタグ情報に従うとテキストが抽出できます．一方で HTML 形式の場合には，生のデータにはメニューやリンク情報，広告など，種々の CGM 以外の情報が含まれていますので，まずはこれらの中から本文箇所を抜き取る操作が必要となります[37]．図 5.1 はウェブページとその HTML ファイルの例です．HTML ファイルは，ページ本文領域に加えて，ヘッダーやメニューの領域などから構成されています．

ウェブからの本文抽出はかなり面倒な仕事で，万能に使えるパッケージはなかなかありません[38]．ただ，幸いなことに，CGM はそのほとんどが**コンテンツ管理システム** (Content Management System; **CMS**) からの自動生成コンテンツであり，HTML ファイルは，CMS に格納された記事内容をテンプレートに流し込んで生成されています．そのため，同一サイトの記事の HTML ファイル構造は似通っています．また，多くのテンプレートでは，ここから本文という情報が HTML コメントに埋め込まれていたり，`<div>` タグの `id` や `class` 属性に `"main"` のような名称が付与されていたりしています．どういうコメントやタグ属性を与えるかはサイトでまちまちですが，収集先が比較的少数の場合には，コメントなどを手掛かりとした専用の抽出プログ

[37] 本処理を実際にどのブロックで実施するかについては考慮の余地があります．収集されたクチコミコンテンツからの情報抽出という意味では解析ブロックの最初の処理になるわけですが，収集系が自作のウェブクローラーの場合には，ハイパーリンク抽出のためにも HTML 解析が必要となるので，クローラー中で本文抽出まで実行する方が合理的な場合もあります．

[38] 本文抽出技術に関してはいくつか解説書（例えば [19]）がありますので詳しくは参照してください．

ラムを書くのが最も簡単です.

抽出された本文ブロックの中には,ハイパーリンクやフォント指定などのインライン要素のタグや,<p> や <div> のような段落タグが残されていますので,これらを除去する操作が必要となります(**detag** と呼びます)[39].これらタグはただ削除すれば概ねテキストのみが残りますが,
 や <p> のような改行を伴うタグの場合には,ここが文境界かどうかを判定する手掛かりになる可能性がありますので,"この文字位置に改行がある" という特殊なマークを残しておきます.また,箇条書き項目を表す <li> タグの箇所や,表のセルを表す <td> タグの箇所は,ブラウザが HTML をレンダリングする際にレイアウト上の区切りとなり,文境界である可能性がかなり高いので,こういったタグの場合にも特殊なマークを残しておきます.これらのマークは 5.2.1 項の「文分割(文抽出)」で利用します.

[39] その他に,「 」や「♪」のような文字参照も HTML テキストには含まれていますので,これらを通常の文字に戻す操作も必要です.

5.2　テキストの解析

自然文で記述されたテキストは,もともとは単なる文字列です.まずはこのテキストに対して,基本的な解析処理を適用して,情報抽出を進めやすくします.

5.2.1　文分割(文抽出)

まず,解析処理を進めやすくするために,本文を**文**という単位に分割します.簡単に分割器を組み立てるには,**句点**「。」「.」の後ろで分割するという単純なアルゴリズムが考えられます.

しかしながら,CGM テキストは一般にかなり自由なスタイルで記述されます.新聞や論文などの校閲が入るような文書であれば句読点がしっかりしていますので,単純に句点で文字列分割すれば十分なのですが,CGM の場合はあまり句点に期待することはできません.

特に著者によってまちまちなのが改行の扱いです.改行はブラウザ任せとして HTML ファイルにはほとんど記述しない著者もいれば,意図的に
 タグを挿入して文の終端とする著者もいます.よりやっかいなのは,
 タグが記述してあるもののそこは文末ではなくて,単にテキストの右端ぞろえのために改行されている場合です.この場合には,
 は文の終端でな

いばかりか，単語の途中に挿入されていることもあり，改行をもって文境界と判断させると誤抽出になる恐れがあります．

文の境界判定を機械的に実行するのは一筋縄ではいきませんが，人間が読むと文の境界は概ね了解できますので，人間が捕まえるであろう特徴をコンピュータに認識させることができれば，大ざっぱな文の分割が実現できます．

文の境界としては以下のようなものが考えられます．

- 句点　（"。"，"．"など）
- 句点に類似する記号　（"："，"★"，"♪"，…）
- 箇条書き行頭文字　（"・"，"＊"，"①"，...）
- 空白
- 改行　（5.1 節の detag 時に付与したマーク）
- レイアウト上の区切り　（同上）

文分割された学習データを用意して，これらの文字やマークを特徴として機械学習させることで，一定の精度の文分割器が実現できます．機械学習では，各文字境界が文境界かそうでないかを計算機に判定させます．学習データが十分に用意できるのであれば，判定位置の周辺の文字をそのまま特徴に用いれば簡単に実装できます．データ量に不足があるようであれば，前記の文境界候補に前処理でマークを付与し，文字情報に加えて特徴量とすれば，比較的少量の学習データで一定の精度が得られます．

なお，ここまで文「分割」と書いてきましたが，正しくは文「抽出」と呼ぶべきです．前節の本文抽出で HTML のタグは除去しましたが，まだいくつかの**メタ文字**が残されている可能性があり，これらメタ文字は文の範囲に含めないほうがこの後の解析上都合がよいためです．代表的なものは箇条書き行頭文字で，例えば中黒 (●) や丸数字 (① ② ...) が改行の直後にあると，これは箇条書きの行頭文字である可能性が高いでしょう．その他には，ハイフンの連続で段落境界を意味したり，'〉' で引用，'#' で独白や脚注的記述を意味するなどのメタ文字が用いられます．

先ほどの文分割器では各文字境界が文の境界かどうかを判定させましたが，文抽出器として動作させるには，各文字を，文の先頭 (B)，文の 2 文字目以降 (I)，文の外部 (O) に分類する**系列ラベリング**（付録 A.1）として実現する方法が考えられます．単に箇条書き行頭文字を除去するだけであれば，文分割器を実行したあとに，文頭の行頭文字相当を一律に除去するプログラムを組むのでも概ね実現できます．

```
嵐山      名詞, 一般,*,*,*,*, 嵐山, アラシヤマ, アラシヤマ
で        助詞, 格助詞, 一般,*,*,*, で, デ, デ
キレイ    名詞, 形容動詞語幹,*,*,*,*, キレイ, キレイ, キレイ
な        助動詞,*,*,*, 特殊・ダ, 体言接続, だ, ナ, ナ
紅葉      名詞, サ変接続,*,*,*,*, 紅葉, コウヨウ, コーヨー
を        助詞, 格助詞, 一般,*,*,*, を, ヲ, ヲ
見        動詞, 自立,*,*, 一段, 連用形, 見る, ミ, ミ
まし      助動詞,*,*,*, 特殊・マス, 連用形, ます, マシ, マシ
た        助動詞,*,*,*, 特殊・タ, 基本形, た, タ, タ
。        記号, 句点,*,*,*,*, 。, 。, 。
EOS
```

図 5.2 形態素解析の例. 解析結果は MeCab による. 1 行 1 形態素で表示され, 各形態素に形態素情報が付与される. 主な形態素情報は, 品詞, 活用形, 終止形, 読み（ふりがな）, 発音等である.

5.2.2 形態素解析・品詞タギング

日本語の特徴として単語間に区切りがないことが挙げられます. 計算機処理のためには単語単位に分割されているほうが取り扱いやすいのですが, 文から単語列への変換は自明な処理ではなく, 最適な分割を計算機で求める探索問題となります. 文を単語に分割し, その単語の文法属性（品詞と活用形）を推定する処理のことを**形態素解析**[40]と呼びます. 形態素解析については多数の教科書 [20] [21] があり, また, 本シリーズの第 2 巻『形態素解析の理論と実装』[22] で詳しく述べられています. また, MeCab [23][41], ChaSen[42], JUMAN [24][43], KyTea [25][44] といったオープンソース実装も多数ありますので, まずはそれらを利用するのがよいでしょう.

形態素解析の解析例を図 5.2 に示します. 入力文が形態素（単語）に分割され, 各形態素には品詞や読みなどの情報が付与されています.

5.2.3 文節抽出・構文解析

単語分割の次には, 単語間の関係を判定して文を木構造に解析します. 木構造に解析する処理を**構文解析**と呼びます. 日本語の場合には依存構造（係り受け構造）に解析することが一般的で, 構文解析のことを**係り受け解析**とも呼びます. 日本語係り受け解析についても CaboCha [26][45] や KNP [27][46] といったオープンソース実装がありますので, まずはそれらを活用するのが近道です.

日本語の係り受け解析では, **文節**にまとめて文節間で木構造を構築する方式と, 単語を単位として木構造を構築する方式と 2 種類の方式があります.

40) 形態素とは単語をさらに細かく分割した構成素のことですが, 日本語処理の技術分野での用語としては概ね単語と理解して大丈夫です.

41) http://taku910.github.io/mecab/, https://ja.wikipedia.org/wiki/MeCab

42) http://chasen-legacy.osdn.jp/

43) http://nlp.ist.i.kyoto-u.ac.jp/index.php?JUMAN, http://nlp.ist.i.kyoto-u.ac.jp/index.php?JUMAN++

44) http://www.phontron.com/kytea/index-ja.html

45) https://taku910.github.io/cabocha/

46) http://nlp.ist.i.kyoto-u.ac.jp/index.php?KNP

```
                              京都で-----D
                              キレイな-D |
                                   紅葉を-D
                              見ました。
                                   EOS

* 0 3D 0/1 -0.926194
京都     名詞, 地名,*,*, 京都, きょうと, 代表表記:京都/きょうと 地名:日本:府
で      助詞, 格助詞,*,*, で, で,*
* 1 2D 0/0 1.044210
キレイな            形容詞,*, ナ形容詞, ダ列基本連体形, キレイだ, きれいな, 代表表記:綺麗だ/きれいだ
* 2 3D 0/1 -0.926194
紅葉     名詞, サ変名詞,*,*, 紅葉, こうよう, 代表表記:紅葉/こうよう カテゴリ:植物−部位; 抽象物
を      助詞, 格助詞,*,*, を, を,*
* 3 -1D 0/1 0.000000
見      動詞,*, 母音動詞, 基本連用形, 見る, み, 代表表記:見る/みる 補文ト 自他動詞:自:見える/みえる
ました   接尾辞, 動詞性接尾辞, 動詞性接尾辞ます型, タ形, ます, ました, 代表表記:ます/ます
。      特殊, 句点,*,*,。,。,*
EOS
```

図 5.3 係り受け解析の例. 上は人間が見るための図形表示で, 下は計算機処理用の
テキスト表示. 解析結果は KNB コーパス [28] で学習した CaboCha による.
「*」で始まる行は文節境界に挿入され, 行中の英数字で文節情報を表示して
いる. 先頭の「*」行の最初の数字 "0" は文節番号で, 次の "3D" は, この文
節が文節 3 に係っていることを意味する.

どちらが優れているとは一概には言えないのですが, 本書では文節単位の係
り受け解析を前提とします.

図 5.3 は係り受け解析の例です. 図の上部は木構造を図形表示したもので,
下部は計算機処理しやすいように 1 行 1 形態素で出力したものです.「*」で
始まる行が文節情報で, 最初の数字が文節番号, 二つ目の数字と記号が係り
先文節番号と係り種別です.

5.3 意味のまとまりの抽出

ここまでの解析処理で, 日本語が単語に分割され, また木構造表現が得ら
れました. 次に, センチメント情報の要素となる表現をこれら解析結果から
抽出します.

センチメントタプル (4.2.1 項) に格納されるのは, 一般には個々の単語で
はなく, いくつかの単語がまとまった単語列です. 本節で述べる「意味のま
とまりの抽出」(チャンキング) は, センチメントタプルに格納されるべき単
語列を文から抽出する処理に該当します.

5.3.1 固有表現，タームの抽出

まず，対象物を表現した単語列を抽出します．対象物の代表は商品や人物です．商品の一種としては，映画などのコンテンツや，アミューズメント施設のようなスポットも考えられます．これらの対象は主として**固有表現**で書き表されます．**固有表現抽出** (Named Entity Recognition) は情報抽出の基本的な技術で，MUC-6 [29] や IREX [30] 等で評価型ワークショップが開催されるなど，古くから広く研究が進められています．

固有表現を抽出する代表的な手法として，統計的な系列ラベリング（付録A.1）が挙げられます．テキスト中の固有表現をラベリングした正解データをもとに，機械学習により抽出する手法で，定番の手法となっています[47]．

しかしながら，統計的手法による固有表現抽出は一般に精度 80 ～ 90% に留まることが報告されています．また，人名や地名といった，単語辞書の情報が比較的有効に働く種別の精度は高いものの，商品名等の人工物名の精度はそれほど高くなく [31]，より高精度を求めるとすれば，辞書を用いた抽出手法を併用することが望ましいと考えられます．

辞書を用いた抽出手法とは，要するに，固有表現のリストを用意して，テキスト中にリスト内の語が出現した場合には抽出するという手法です[48]．辞書による抽出は，考え方としてはシンプルですが，実装と運用にあたってはいくつか留意すべきポイントがあります．

- 文書内のすべての部分文字列と用語リストを照合するには，ハッシュ DB での総当りといったナイーブな手法では非効率です．また，固有表現リストは，場合によっては数百万語といった規模になりますので，一つひとつ照合することは現実的ではありません．大規模辞書と高速に照合するには，リストのすべての語を受理する一つのオートマトンを構築して，解析対象テキストと照合させる必要があります．
- 抽出にあたっては単語境界を意識した照合が必要となります．例えば「京都バス」という固有表現がリストにあったときに「東京都バス」から抽出してしまうと不都合です．前記のオートマトンの開始位置，受理位置が単語境界となるような工夫が必要です．

用語リストのオートマトン化には**トライ木** (trie) 構造が適しています．トライ木構造とは，語の共通接頭辞部分をまとめて木構造を組み立てたもので，語中の各文字がオートマトンの状態遷移に該当します（図5.4）．テキスト中の

47) 固有表現抽出技術に関しては本シリーズ第4巻『情報抽出・固有表現抽出の実際（仮題）』で取り上げられる予定です．

48) ただし，闇雲に語を登録すると容易に誤抽出が生じますので，リストは慎重に準備する必要があります．固有表現リストの準備については，後ほど 5.4.1 項で述べます．

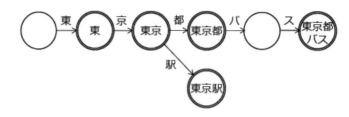

図 5.4　トライ木の例．{ 東, 東京, 東京都, 東京駅, 東京都バス } の辞書を表現したもの．テキスト中の文字を入力として状態遷移し，二重丸のノードへの到達が辞書の語の受理を意味する．

各文字を入力としてトライ木に与え，受理状態に到達すると対象文中にリスト中の語が出現したことが検出できます．トライ木のライブラリには Darts[49]，ux-trie[50] などがあります．これらライブラリでは，用語リストをトライ木化する機能と，文字列とトライ木の照合機能が用意されていますので，入力テキストを 1 単語ずつずらしながら照合機能を呼び出すと表現抽出器が実現できます．

[49] http://chasen.org/~taku/software/darts/
[50] https://code.google.com/archive/p/ux-trie/

5.3.2　主観表現（評価表現）の抽出

クチコミ分析システムで最も特徴的な情報要素は「評価表現」です[51]．評価表現とは，何らかの評価を指し示す単語やフレーズなどを指します．図 5.5 はクチコミテキスト中の評価情報部分に下線を引いたもので，'E' のマークが付いた部分が評価表現です．

評価表現の抽出は評価表現辞書を軸に進めますが，評価表現は一般に用言（活用する語）で表現されることが多く，同じ評価がいろいろな言い回しで表現されるという問題があります．例えば，「きれい」という形容動詞語幹を核として，「きれいだ」「きれいだなぁ」「きれいでしょう」といった様々な表現が生成できますが，これらをすべて用語リストとして準備することはあまり効率のよい方法とは言えません．また，図 5.5 の例にもあるように，「とてもきれい」や「まあまあきれいかな」といった，程度を表す副詞などを伴う場合もあり，これらを含めて抽出するとすれば組合せは膨大になります．

仮に，クチコミ分析の目的が「きれい」という評価の数を数えることのみであれば，語幹だけを抽出するのも一つの方法ですが，例えば図 8.11 (p.147) のようなタグクラウドでクチコミ集約結果を表現する場合には，評価の程度や個々のニュアンスも含めて表現したくなります．また，「きれいじゃないね」

[51] ここでは評価表現を対象に述べますが，感性表現や感情表現についても同様の手順で抽出することが可能です．

5.3 意味のまとまりの抽出 57

```
ついに XY-01A を買っちゃいました!!
         S
YZ-01A と最後まで悩んだけど, 画面 が
                              P
とってもきれい なので決めちゃいました.
    E
```

図 5.5 クチコミテキストの例. 下線部は, S が対象物, P が属性, E が主観表現 (評価表現) を指す.「とってもきれい」のうち「きれい」が評価表現の核表現部分.

や「きれいだったらよかったのに」のような, 否定や仮定の表現を「きれい」と同一扱いとすると, 誤った集計となってしまいますので, 考慮が必要です.

評価表現を抽出する手法としては, 統計的な方法とルールで抽出する方法の大きく2種の手法があります. まずルールを記述して評価表現を抽出する方法を述べ, 次に統計的な方法を述べます.

ルールによる評価表現抽出は以下の2ステップで実現します.

ステップ1 評価表現の核表現と評価の極性を格納した用語リスト (p.64 の図 5.7) を用意し, 5.3.1 項の辞書照合手法でテキストから核表現を抽出する.

ステップ2 核表現を中心とした評価表現抽出パタンを用意し, 前後の副詞や接辞, 付属語などを含めた評価表現全体を抽出する. パタン中には極性の反転などの操作を記述しておき, 否定や仮定を伴った評価表現の極性を決定する.

ここで, いろいろな言い回しの評価表現での共通部分を核表現と呼んでおきます. 一般に語幹が核表現に相当します.

評価表現抽出パタンでは, 単語の各種属性を手掛かりとして, 単語列を正規表現的に記述します. 例えば,

$$[核表現] ／ [活用語尾｜終助詞｜助動詞]* \quad \{極性反転：\mathbf{no}\} \qquad (5.1)$$

$$[核表現] ／ \text{“じゃ｜で”} ／ \text{“ない”} ／ [活用語尾｜終助詞｜助動詞]* \quad \{極性反転：\mathbf{yes}\} \qquad (5.2)$$

のような系列規則を記述し, 入力文と照合することで文中から評価表現を抽出します. 上記規則で“／”は単語区切りを意味し, (5.1) の単語列は, 核表現の後に, 活用語尾か終助詞か助動詞がゼロ個以上継続していることを意味し

ています．また (5.2) の規則には極性反転有りのフラグを付与しておき，評価表現抽出と同時に極性を決定します．

単語列のパタン照合は直感的に理解できますが，実装には少々工夫が必要です．

文字列の正規表現照合では，各文字が満たすべき条件を例えば "[0-9a-f]" のような正規表現で記述し，入力文字が条件に合致すればオートマトンが状態遷移するように実現されます．

「単語」を要素（アルファベット）としてオートマトンを動作させるには，何らかの記法で各単語が満たすべき条件（単語条件）をルール記述し，入力単語が条件に合致すれば状態遷移するように作ります．すなわち，実現するには，(1) 各単語が単語条件に合致するかしないかを判定する判定器と，(2) 単語条件に付加されたクリーネスター（"*"; ゼロ回以上の繰り返し）などの量化演算子を解釈して状態遷移に変換する変換器の二つが必要となります．どちらもスクラッチから実装するのは大変なので，単語情報を直列化（シリアライズ）して，一般的な文字列正規表現照合器に任せることにします．

形態素解析された各単語は単なる文字列ではなく，(5.3) のような属性-属性値の集合です．

$$
\begin{bmatrix}
\text{表記 (s)} & \text{"山"} \\
\text{品詞 (p)} & \text{名詞}
\end{bmatrix}
\tag{5.3}
$$

52) 説明の都合上，ここでは "s=山" のようなキー・バリュー形式でシリアライズしていますが，図 5.2 の MeCab の例のようなタブ・カンマ区切りで表現しても構いません．

これを (5.4) のような文字列で表現することにしましょう[52]．単語情報をこのような文字列に機械的に変換するプログラムは容易に実現できます．

$$
\text{単語情報} = \text{"【s=山;p=名詞;】"}
\tag{5.4}
$$

同様に単語条件のほうも文字列で表現します．例えば，品詞条件を任意とした (5.5) の正規表現は，(5.4) の単語情報との照合に成功します．

$$
\text{単語条件} = \text{"【s=山;p=.*?;】"}
\tag{5.5}
$$

次に，単語列の照合ルールを記述します．例えば「山に (は|も)?登る」のルールは，単語条件を連結して，

$$
\begin{aligned}
\text{単語列条件} = &\text{"【s=山;p=.*?;】} \\
&\text{【s=に;p=.*?;】} \\
&\text{(?:【s=(?:は|も);p=.*?;】)?}
\end{aligned}
\tag{5.6}
$$

$$【s=登;p=.*?;】$$
$$【s=る;p=.*?;】"$$

と記述します．読みやすくするために改行を挿入しましたが (5.6) の 5 行は
ひとつなぎの文字列です．

　単語列のパタン照合器を評価表現抽出に用いるには，単語属性の一つとし
て，評価表現辞書から得られる極性 (o) を加えます．単語属性に極性を持っ
ているということは，その単語が評価表現辞書に含まれていた核表現という
ことを意味しますので，この核表現を中心として抽出パタンを記述します．
(5.7) は核表現の単語情報例，(5.8) はその他の語の単語情報例です．

$$単語情報 = "【s=きれい;p=形容動詞語幹;o=P;】" \qquad (5.7)$$

$$単語情報 = "【s=山;p=名詞;o=;】" \qquad (5.8)$$

　(5.1) の例は (5.9) のように記述できます．(5.9) は一般的な正規表現エンジ
ンで照合できますので評価表現抽出器として用いることができます[53]．

$$単語列条件 = "【s=.*?;p=.*?;o=[PN]+;】 \qquad (5.9)$$
$$(?: 【s=.*?;p=(?:活用語尾|終助詞|助動詞);o=;】)*"$$

53) 核表現も一般には複
数単語で構成されますの
で，ルールはもう少々複
雑になります．

　ここまでルール記述による評価表現抽出について述べてきましたが，本処
理は，技術的には固有表現抽出と同様の，チャンキングとチャンクのクラス
推定に該当しますので，機械学習による系列ラベリング（付録 A.1）を用い
た抽出も可能です．機械学習を適用するためには，テキスト中の評価表現を
ラベリングした正解データを準備して抽出器を学習させます．

　学習に利用する特徴は，抽出ルールで用いた特徴がそのまま使えます．す
なわち，単語表記や品詞等に加えて，評価表現辞書に含まれる極性が有効で
す．したがって，機械学習で評価表現を抽出する場合でも，まず評価表現辞
書を用いてテキストから核表現を抽出して単語情報に極性を加え，系列ラベ
リングの特徴量とします．

　いずれの手法をとるにしても，評価表現辞書が大事な役割を持ちます．評
価表現辞書をどのように準備するかについては 5.4.2 項で述べます．

5.3.3 属性の抽出

属性（対象物属性）を抽出するには二つの異なる戦略があります．属性体系をトップダウンに与えて，体系で定義された属性のどれに該当するかを分類推定する方法と，体系を定めずに，記事に登場する属性表現をボトムアップに抽出する方法です．

■属性体系に分類する

クチコミ分析したい対象物の種類が限られているのであれば，対象物の属性をあらかじめ列挙し，各クチコミがどの属性に関しての言及であるかを判定する戦略が，高精度・高再現率を得るには得策です．

例えば，「デジタルカメラ」に関するクチコミを分析する場合を考えましょう．まず，デジタルカメラにはどのような属性があるかを列挙します．デジタルカメラの属性には，画素数，液晶（ディスプレイ），画質，電池（の保ち），重さ，大きさ … などが考えられます．ここで属性とは，カタログに載っているようなものだけではなく，クチコミにのみ登場する主観的なものも含まれることに注意してください（4.2.3 項参照）．

次に，これら属性がどのようにクチコミで表現されるかを考えます．クチコミ表現の列挙作業にも二つの作業方針が考えられます．

- 各属性を表現する語（ここでは属性語と呼びます）を列挙する．
  - （例）　[バッテリー]　電池，バッテリー，スタミナ
  - [液晶]　　　　　ディスプレイ，画面，液晶，液晶ディスプレイ
- 各属性に関するクチコミを収集，もしくは，作文する．
  - （例）　[バッテリー]　「スタミナ十分と思います.」
  - [液晶]　　　　　「明るいディスプレイが素敵です.」

属性語を列挙する方針の場合，主観表現の周辺にそれらの語が出現したら，その属性に関するクチコミと判断します．ただし，周辺といっても単純な文字位置の近接条件だけではなく，構文木上での関連性に基づいて判定する場合もあります[54]．また，主観表現自身が何の属性であるかの情報を含んでいる場合もあり，例えば「重い」や「軽い」は，一般には重さに関する主観表現と考えられます．明示的に属性語が記述されていない場合には，属性クラスを判定するのに主観表現を参照する必要がありますので，特定の属性を指し示す主観表現も列挙して，併せて辞書化します．

---

54) どちらが有利かはメディアのスタイルによります．ブログのように（CGM の中では）比較的整った独話テキストであれば構文情報の利用が有効ですが，LINE での一言やりとりのような高度に文脈・状況依存な対話テキストであれば，各種言語解析はあまり精度が出ませんので，単純な近接条件のほうが好ましい場合もあります．

図 5.6 例文 (9) の係り受け構造.

クチコミ例を収集する方針の場合には，収集した文例を教師データとして，各センチメント記述がどの属性に関するクチコミであったかを判定する分類器を組み立てます．この方針の場合には，各属性の属性クラスは判定できますが，属性表現そのものを抽出することはできませんので，もし必要ならば系列ラベリングや属性表現辞書によって別途抽出することが必要になります．

■記事に出現した属性を抽出する

分析対象を特定の商品に限らずに，不特定の対象を広く分析できるシステムを実現する場合には，各分析対象商品の属性語辞書や属性分類器を作成することは現実的ではないでしょう．この場合には，抽出された主観表現を基点として，構文情報や格情報を手掛かりに属性表現を抽出します．

例えば，

(9) このデジカメは画面が明るい．

というクチコミを考えると，属性表現「画面」は評価表現「明るい」のガ格（主語）にあたります．上記例文の構文は一般にハガ構文（二重主語構文）と呼ばれ，日本語で〈対象, 属性, 述語〉を表現する典型的な構文です．

例文 (9) から，属性表現「画面」を抽出する手順を考えてみましょう．

まず，評価表現抽出によって，「明るい」はすでに抽出されています．また，例文 (9) の構文木は図 5.6 のようになります．したがって，文節「明るい」にガ格で係っている文節を取得すると，その文節は属性である可能性が高いと言えそうです．

構文木をたどって属性表現を発見するには，木構造データと木構造ルールの照合器が必要となります[55]．木構造の照合はいくつかライブラリ実装がありますが，システムに組み込んで安定運用するにはなかなか定番品が見当たらないかもしれません．簡易に実現するには，木を一次元にシリアライズして正規表現エンジンで照合することでも可能です．例えば，前節の単語列照合器を拡張して各単語に文節番号（単語係り受けならば単語番号）と係り先文節番号を追加し[56]，後方参照機能を有する正規表現エンジンで両者の一致

[55] 実際の文では属性表現は主観表現の直前の文節に書かれることが多いので，隣接しているもののみを抽出すると割り切って，5.3.2項で述べた単語列照合器などを使って抽出するのも一案です．

[56] 単語情報に埋め込まずに，図 5.3 のような文節情報行を設けるシリアライズ方法でも，ルールが多少複雑になりますが実現は可能です．

を確認すれば，木構造のパタンマッチが実現できます．

　下記の例は「山に登る」の木構造を単語列で表現したものと，その照合規則の例です．単語列の各単語には，所属する文節の文節番号を "文節="で記述し，係り先文節番号を "係先="で記述します (5.10)．照合規則例 (5.11) では，「山に」の文節の係り先番号を括弧でキャプチャし，その番号と「登る」の文節番号が一致するという条件を表しています[57]．

57) 実用的なルールにするには，品詞条件を追加したり属性が複合語であることを考慮するなど，もう少々記述追加する必要があります．

$$
\begin{aligned}
単語列 = \ &"【表記 = 山; 文節 = 1; 係先 = 2;】 \qquad (5.10)\\
&【表記 = に; 文節 = 1; 係先 = 2;】\\
&【表記 = 登; 文節 = 2; 係先 = \mathtt{NIL};】\\
&【表記 = る; 文節 = 2; 係先 = \mathtt{NIL};】"\\
照合規則 = \ &"【表記 = .*?; 文節 = .*?; 係先 = .*?;】 \qquad (5.11)\\
&【表記 = に; 文節 = .*?; 係先 = (.*?);】\\
&(?:【.*?】)*\\
&【表記 = 登; 文節 = \backslash 1; 係先 = .*?;】\\
&【表記 = る; 文節 = .*?; 係先 = .*?;】"
\end{aligned}
$$

　ある程度の学習データを用意できるのであれば，機械学習による分類問題と設定することもできます．各文節が，着目している主観表現の属性にあたるかどうかを分類する設定とし，特徴量として，表記や助詞，意味分類などに加えて，主観表現との係り受けの有無などの構文情報を与えると，ルールで手掛かりとしたような特徴を捉えることができるでしょう．

5.4　抽出辞書の作成

　対象物や評価表現のような意味のまとまりの抽出には辞書が必要となります．統計的な手法で抽出する場合にも辞書を併用できると大きな手掛かりになります．本節では対象物辞書，主観表現辞書を構築する手法や構築方針について述べます．

5.4.1　対象物辞書

　5.3.1 項で述べたように，対象物の抽出には，統計的な手法と辞書的な手法

の併用が有効です．辞書的な手法のためには，対象物のリストが必要となります が，例えば，自社商品の評判を調べたい，といった目的のシステムであれば，商品名リストを用意するのはあまり難しくはないでしょう．商品カタログ等からリスト化すれば，とりあえずの辞書は出来上がります．また，特定テーマのクチコミ分析システムを作るような場合にも，対象リストを用意するのが早道です．例えば映画の評判を分析するシステムを作るのであれば，公開中の映画のタイトルリストを整理して投入するのがよいでしょう．

ただ，留意しなくてはならないのは，CGM では商品名はそのまま語られるとは限らない，という点です．例えば，「実践・自然言語処理シリーズ」という商品は，CGM では「実言本」と略されているかもしれません．リストを準備するにあたっては，CGM でどのように表現されているかを考慮・調査して，異表記を登録する必要があります．

特定の用途を対象とするシステムではなく，広く不特定の評判を分析するようなシステムであれば，ウィキペディアに記載された語をリスト化することも考えられます [32]．また，NEologd[58] のような，多数の新語・固有表現を収録した辞書を導入するのも一つの方法です．

[58] https://github.com/neologd/mecab-ipadic-neologd

対象物辞書を準備するにあたっては，誤抽出の原因になりそうな語は慎重に扱う必要があります．辞書を用いた抽出手法では，基本的には文字列が一致するだけでその語を抽出するため，たまたま文字列一致した際の誤抽出が発生します．そのため，あまりに誤抽出しやすそうな語は，そもそも辞書に入れないといった判断が必要になります．どの程度の語を取り除くべきかは，どの程度の誤抽出を許容するかに依存しますが，(1) 一般語と全く同表記の語[59]，(2) 1 〜 2 文字程度の短い漢字表記語，(3) 3 〜 4 文字以下の短いひらがな語・カタカナ語などは危険なことが多いので，辞書登録にあたってはチェックします．

[59] 2006 年公開の映画に『手紙』というタイトルの作品がありました．こういった語を辞書に入れてしまうと，映画と無関係の，一般語の「手紙」に関するクチコミが大量に抽出されてしまいます．

5.4.2　主観表現辞書

主観表現を抽出するには主観表現の辞書を利用します．5.3.2 項で述べたように，主観表現辞書は主観表現の核となる部分を列挙したものです．以下，本項では評価表現辞書について述べ，項の最後に感性，感情について触れます．

評価表現辞書は主として，評価表現の文字列と評価極性からなります（図 5.7）．本項では，まず評価表現の文字列を列挙することを考え，次に評価極性の付与について考えます．

評価表現	評価極性
きれい	P
悪（い）	N
軽（い）	PN
勝るとも劣らな（い）	P
コシがあ（る）	P
:	:

図 5.7 評価表現辞書の例．登録されるのは 1 単語とは限らずフレーズとなる場合もある．この例では評価極性は {P,N,PN} の 3 値で，評価度合いは付与していない．P はポジティブ，N はネガティブを意味し，PN は対象物によって評価極性が変化するなど極性不明の語に付与される．

評価表現を人手で列挙するには以下の 2 通りのアプローチがあります．

- 辞書中の語，特に形容詞，形容動詞を中心に全列挙する．
- 評価表現を多数含むテキストに人手でアノテーションする．

辞書を基点とする前者のアプローチは，網羅的な収集が可能ですが，集まる評価表現は単語が中心となり，長い評価表現は含まれません．また，動詞や名詞で評価要素を持つ語もありますが，動詞はともかく名詞の全列挙は大変ですので，評価語かどうかの推定器（例えば [33]）で候補を絞るなどの必要があるでしょう．

実際のテキストから収集する後者のアプローチは，網羅性には欠けますが，1 単語では表現されない評価表現が集まるというメリットがあります．こちらも闇雲に CGM に対してアノテーションすると非効率になることが懸念されますので，評価が多く含まれることが期待されるレビューサイトを中心にするなど CGM 収集先を工夫したり[60]，評価要素を含むテキストかどうかの判定器でアノテーション対象を絞り込むなどの手段を取りたいところです．判定器は機械学習で構築することも考えられますが，構文的な並列関係を利用してパタンで絞り込むことも考えられます．既知の評価表現と並列関係にある表現はやはり評価表現である可能性が高いので，いくつか種となる評価表現を用意し，種表現と並列関係にある表現を候補とすると，効率よく評価表現を発見できます．

両手法には一長一短がありますので，できれば併用して，表現の網羅性と，高頻度フレーズの収録を実現します．

[60] 消費者の評価や感想を配信することがレビューサイトの目的ですので，ブログ等のメディアに比べて評価表現の密度が高いことが期待できます．

次に，列挙した各評価表現に評価極性を付与します．

評価表現辞書に登録する評価極性は，大多数の文脈で成立するデフォルトの極性です．例えば，「きれい：P」，「臭い：N」のように登録されていると，特別な文脈がない場合には，辞書に記載された評価極性をそのままセンチメントタプルに格納することができます．

デフォルトの評価極性が，対象物のカテゴリや属性に依存している場合も考えられます．例えば，「軽い」はスマートフォンの評価ではポジティブですが，映画役者の評価としてはネガティブです．また，表現「怖い」はほとんどの対象物でネガティブな評価表現ですが，ホラー映画のクチコミ分析においてはポジティブとすべきかもしれません．特定ドメインのクチコミ分析システムを作る場合には，そのドメイン向けの評価表現辞書を用意します．

評価表現の評価極性は，人手で整備することもできますが，いくつか自動獲得の手法も試みられています [34] [33]．これらの手法では，辞書語釈文やシソーラス，コーパスなどから，極性の同じ語（もしくは極性が逆の語）のペアを構文パタン等で抽出し，極性の明確な評価表現（「良い」や「悪い」など）から評価極性を伝播させることで，幅広い評価表現について極性を付与しています．評価極性のネットワークが最適になるように極性を推定することで，ポジティブ，ネガティブの 2 値ではなく，その程度を算出できるようにした手法もあります．

整備された評価表現辞書のいくつかはウェブ上で公開されていますので，基本辞書としてこれらの辞書を利用することもできます[61) 62) 63)]．

感性表現と感情表現についても収集の基本的な考え方は同様で，何らかの辞書から感性・感情要素を持つ語をピックアップすることで該当語を収集するか，もしくは，コーパスから該当表現を収集します．辞書から候補語をピックアップするにあたっては，感性表現はオノマトペ，特に，擬態語で表現されるものが多いので，これらを一通り感性辞書化すると一定の規模になります．コーパスから収集する場合は，既知の主観表現と並列関係にあるものを構文パタンで収集すると効率的に集めることができます [35]．

61) 日本語評価極性辞書: <http://www.cl.ecei.tohoku.ac.jp/index.php?Open%20Resources%2FJapanese%20Sentiment%20Polarity%20Dictionary>

62) 単語感情極性対応表: <http://www.lr.pi.titech.ac.jp/~takamura/pubs/pn_ja.dic>

63) 評価値表現辞書: <http://www.syncha.org/evaluative_expressions.html>

5.5 極性の判定

クチコミ分析では，多くの場合で，分析対象商品が良いのか悪いのかを集

計しますので，センチメントタプルにはその**極性**を判定して与えておくことにします．極性の判定でも，辞書・ルールによる判定と統計的手法による判定が考えられます．表 4.1 (p.41) に示したとおり，極性を持つセンチメントは評価と感情です．以降では評価を対象に述べますが，感情の場合にも同様の手法で判定できます．

■辞書・ルールによる判定

辞書・ルールを用いて評価極性を付与する場合には，評価表現辞書に格納されている評価極性を用いることが基本になります．ただし近接する語によっては評価極性が変化します．評価極性を変化させる語を**極性変化子** (contextual valence shifter) [36] と呼びます．

極性変化子の中で代表的なものは否定子 (negatives) と強調子 (intensifiers) で，前者は評価極性を反転させるもの，後者は評価度合いを変化させるものです．否定子は助動詞「ない」などが該当し，例えば「美しくない」は，「美しい：P」の極性が反転して極性 N になります．否定子には，「ない」のような否定語の他に，「もうちょっと電池が保つなら買ったのに」（つまり電池の保ちが悪い）のような仮定を表すものもあります．強調子は「とても」「多少は」のような副詞が代表的で，前者は評価度合いを強めるもの，後者は評価度合いを減少させるものです．

評価極性の判定にあたっては，少なくとも否定子は考慮に入れないと極性を大きく誤ることになります．評価度合いを用いる分析システムの場合には強調子による影響も考慮に入れる必要があります．

ルールによる評価表現抽出では，表現を抽出する際に同時に極性を判定することで，極性変化子による変化を実現します．評価表現抽出では，否定や仮定の表現を評価表現に含めて抽出することになりますので（5.3.2 項），抽出パタンのそれぞれに極性変化情報を付記しておき，辞書に記載されているデフォルトの極性を操作して，評価極性を決定します．

文献 [36] では言及されていませんが，極性変化子の中には，否定や強調の他に，「超過子」ともいうべき，振舞いの特殊な語もあります．該当する語は「〜過ぎる」「余りに〜」（"too 〜"）といった語で，これらの語は何かしらの程度が過大であることを意味しますが，評価表現と組み合わせると以下のような効果を持ちます．

- ネガティブな評価表現の場合には，ネガティブの強調．（強調子相当）

  (10)　この部屋寒すぎます．

- ポジティブな評価表現で，何らかの適正値がある評価軸の場合には，ネガティブに反転．（否定子相当）

  (11)　このケータイは画面が明るすぎる．

- ポジティブな評価表現で，適正値というものはなくて値が大きければ大きいほど良い評価軸の場合には，ポジティブの強調．（強調子相当）

  (12)　映画 A に出てた B さん，かっこよすぎます．

　ネガティブな評価表現の例文 (10) では，ただ「寒い」よりも程度を強調した意味合いを持ちます．例文 (11) は，（ケータイにとって画面が明るいのは一般にはポジティブですが）例えば暗闇での利用などで最低輝度にしても明るすぎるというネガティブな解釈になります．一方で，(12) の例文は，かっこいい程度が過大で困る，という意味と理解するよりも，かっこいいをさらに強調して絶賛していると読み取るほうが自然でしょう．

　このような複雑な振舞いになるのは，評価表現の評価軸には適正値が考えられるタイプと，値が大きければ大きいほど良いタイプの 2 種類があって，超過子による極性変化が異なっているためと考えられます．

　適正値がある評価軸タイプの場合，その適正値がドメインによって異なる場合には，評価表現のデフォルト極性が変わってきます．5.4.2 項のホラー映画の例において，一般にはネガティブである「怖い」が，このドメインではポジティブな意味合いを持つことは，ホラー映画における怖さの適正値が [怖い] 側に寄っていると考えれば，極性デフォルト値がドメイン依存なことが理解できます．

　超過子の振舞いは，評価表現辞書整備時の極性を判断する手掛かりにも使えます．評価表現の極性を人手で付与する場合には，ドメインによって極性が異なるかどうかを考えなくてはなりませんが，網羅的に用法を思い浮かべることはあまり容易なタスクではありません．「かっこいい」などの，「過ぎる」を付けたときにポジティブ評価が反転しない評価表現は，ドメインが変わってもデフォルト値が変化しないことが予想されますので，分野横断の評価表現辞書に安心して登録することが可能です．逆に「軽い」のような「過ぎる」が付くと極性が反転する語は，分野横断辞書にポジティブ極性で登録

してしまうと判定エラーの原因となり得ます.

■統計的手法による判定

ルールを記述して極性判定する代わりに,学習データを用意して機械学習によって極性判定する手法も考えられます.統計的な手法であっても,評価極性の辞書が用意されていると,辞書に記載の極性は有力な素性として分類精度に寄与します.辞書に記載の値は,表現が単独で用いられた場合のデフォルト値で,実際の極性は文に表現されて初めて決定されます.辞書とルールによる判定では,否定や仮定の表現をパタン照合して極性の判定をしましたが,言い回しは無数にあり,網羅的にルールを構築していくと膨大な規模となってしまいます.また,ドメインによって極性が異なる例を挙げましたが,大規模になってくるとドメインごとに評価表現辞書を準備するのも限界があります.

多様なドメインにおける多様な表現の評価極性を判定するためには,評価表現が使われたコンテキストを素性とした分類器を用いることが考えられます.コンテキストとしては周辺の語や依存関係のある語,周辺に出現した別の評価表現の極性などを用います [37] [38] [39].

この判定はクチコミ解析時に実行させることもできますし,あらかじめ訓練用のクチコミコンテンツを対象に極性推定して,辞書に反映させておくこともできます.事前推定の利点は,クロール時の抽出処理が軽くなることに加えて,推定結果に揺らぎがあった場合に多数決を取って判定したり,辞書登録時に人手チェックを加えたりなどの手段が取れることです.構築するクチコミ分析システムの規模や,目標とする精度性能に照らし合わせて構成を検討してください.

5.6 同一性の判定(名寄せ)

抽出された意味のまとまりは,そのままでは集約には不都合があります.センチメントが記述される CGM の特徴としては,(1) 著者が大勢である,(2) 作文のガイドラインは存在しない,(3) 推敲を重ねた文書ではない,などが挙げられます.これらが意味するところは,用語や表現の統一が期待しにくいということです.

例えば,新聞の場合には,この語はこう表記する,というガイドラインが用

語集という形で存在します．ガイドラインに従っているかを校正部門がしっかりとチェックし，用語や表現が統一された文章が出版されるように留意されています．一方でCGMの場合はこれらの統一は期待できません．著者それぞれの習慣もあるでしょうし，同一著者の記事であってもある程度の表記揺れは見逃されることもあるでしょう．例えば，NTTドコモ社のことを表記する場合に，「ドコモ」「DoCoMo」「NTTドコモ」などいろいろな文字列で表記される可能性が考えられます．これらを文字列一致で照合すると，集約に失敗して別の会社とみなされるでしょう．

集約に失敗すると何が起こるでしょうか．その一つは統計値のゆがみです．クチコミ分析の目的の一つに対象物間の評判比較があり，代表例が「商品Aと商品Bのどちらが人気があるか」の判定です．ここで，商品Aの名称はそんなに揺らぎの可能性がなく，誰が書いても同じ文字列で表記されるようなものであって，商品Bは数多くの表記バリエーションがあるような名称であった場合，しっかりと名寄せができないと「商品Aが人気」という結論を導き出しがちになるでしょう．

表記の揺れには，音が類似した表記揺れ，略語関係，愛称関係など種々の同義関係があります．本節では，これら表記揺れ関係の取扱いについて紹介します．

5.6.1 音が類似した表記揺れ

代表的な表記揺れは発音が類似したペアです．日本語には多数の文字種があり，同じ音を表現するのに何通りもの方法があります．主要な文字種はひらがな，カタカナ，漢字ですが，現代では英字アルファベットも日本語テキスト中に当然のように出現し，日本語文章を表現するための文字の一つと言ってよいでしょう．同一の音を表現する手段として多数の文字があるため，あまり統制が取れていないCGM文書では，同一の事物を表すのにどの文字を用いるかは著者の好み次第となり，表記揺れの原因となります．

また，外来語の翻字 (transliteration) の場合には，原語の音を日本語音で近似して表現しているに過ぎませんので，あまり定着していない語の場合にはどの音で近似するかも好み次第となり，ヴァとバの揺らぎや，長音の有無のような揺らぎが発生します．

さらに，CGMで頻繁に見られるのは，口語の発音に忠実な表記や，意図的に崩した表現です．

発音に忠実な例の代表は長音文字です．例えば，「おはよう」の最後の文字は「う」と発音するわけではなく実際には「よ」を伸ばした音として発音します．ソーシャルメディアでのやり取りは会話の延長といった側面がありますので，発音に近い表記で「おはよー」と書かれた記事をよく見かけます．

意図的に崩した例としては「かわいぃ（かわいい）」「かっけー（かっこいい）」「すごーーーーい（すごい）」などが挙げられます[64]．これは，CGMでは著者が伝達したい内容が単なる事実の伝達だけではなく，思ったこと，感じたことなどをできるだけそのまま記述したいがために，その崩れ方に実感を込めたものと考えられるでしょう[65]．

では，これらの音類似表記揺れを吸収して，同一の事物や評価を集約して正しく集計するにはどのようにすればよいでしょうか．

音類似表記揺れは，揺らぎの対応関係がせいぜい数文字範囲程度と，対応範囲が限られています．したがって，局所的な対応関係を判定していくと，語全体の同値性がかなり判定できます．

表記揺れ関係を判定するために，表記揺れ語の発生過程をモデル化します．

まず，表記が揺れる前の表記 A があったとします．A は，例えば新聞社で採用しているような規範的な表記や，外来語の場合には原語での表記と考えてください．これが実際の CGM に記述される際には，著者による何らかの変形が生じて B という表記が生み出されたと考えます．A が変形して B になる現象は確率的に生じると考え，その確率を $P(B|A)$ とします．音類似の表記揺れの場合，素片の表記揺れの組合せで全体の表記揺れ語が生成されると考えられます．例えば，Valentino がヴァレンティノやバレンチノになる現象は，Va →ヴァ，Va →バ，ti →ティ，ti →チなどの組合せの結果として生じていると考えます [41]．

表記 A が部分文字列 $a_1 a_2 \cdots a_n$，表記 B が部分文字列 $b_1 b_2 \cdots b_n$ の連結で構成されていると考えると $P(B|A) = \prod_i P(b_i|a_i)$ と分解できます．したがって，全体の確率 $P(B|A)$ は，$P(\text{"ヴァ"}|\text{"Va"})$，$P(\text{"バ"}|\text{"Va"})$，$P(\text{"ティ"}|\text{"ti"})$，$P(\text{"チ"}|\text{"ti"})$ などの素片の変形確率が分かると算出できます．

素片の変形確率は，A と B のペアの実例を多数集めることができると，近似的に算出することができます [42][66]．大まかな手順は下記のとおりです．

1. 素片ペア辞書の獲得

   (a) 簡単なルールで初期辞書を作る．例えば英字→カタカナであれば [a:

[64] 実は，こういった意図的に崩した表現は，多くの形態素解析エンジンでは解析に失敗しますので，そもそも名寄せ候補に挙がってきません．キチンと取り扱うには，崩れた表現を解析できる形態素解析技術を利用する必要があります [40]．

[65] 崩れ方に実感が込められているという意味では，表現の崩し方から著者のキモチを読み取るのは，クチコミ分析の次のチャレンジと言えるかもしれません．

[66] 引用文献での目的は，日本語の音声合成 (Text To Speech; TTS) エンジンでの利用です．本節でも述べましたように，日本語テキスト中には英字の語が頻出します．日本語 TTS で英字部分を読み上げるときに，そこだけ英語 TTS に切り替えてしまうと，日本語の合成音としては不自然になってしまいますので，英語であっても「カタカナ語」っぽく発音させる必要があります．そのため英語→カタカナへ変換する統計モデルを構築して発音を合成しています．この統計モデルは本節での音揺らぎ判定モデルと同等のものになります．

ア][ka：カ] といったローマ字対応，カタカナ→カタカナの音揺らぎ
であれば，[ア：ア][カ：カ] のような同一文字対応など．

(b) この辞書を使って動的計画法で A と B のペアをアラインメントする．辞書にない箇所は編集距離[67] が最小になるようにアラインメント．

(c) 対応がつかなかった箇所を新たに辞書に追加する．

(d) 以上を繰り返し，適当な回数で止める．

2. ペアの確率の算出

(e) 実例ペア中の素片を数え上げてペアの出現確率[68] を算出する．

素片ペアの確率が得られると，動的計画法を用いて名寄せ候補ペア A と B の変形確率を求めることができます．動的計画法の代表例に編集距離（Levenshtein 距離）を求めるものがあります．編集距離計算では，同一文字を距離 0，挿入や削除，置換があると距離 1 と計算しますが，素片 a_i と b_i の間の確率値を置換距離相当として動的計画法を設計すると，A と B の変形確率を求めることができます．

表記 A と B の間の変形確率が求まれば，一定のしきい値を設定して，ある確率以上のものを同一と見なすように同値判定器[69] を作ります．ただし，この確率値は，元表記 A の語が，B と変形表記される確率です．長い語は変形可能な素片数が多数になりますので，B のバリエーション数は指数的に増加し，個々の変形表記の確率は小さくなります．語長によってしきい値が変わることになるとあまり扱いやすくありませんので，語の変形確率の対数値を素片数で除した長さ正規化値を算出して，こちらを判定に用います．適切なしきい値は，構築した統計モデルや分析対象コンテンツに依存しますので，テストデータを用いて設定する必要があります．

▎5.6.2 略語の吸収

略語関係も表記揺れの代表例です．例えば「マクドナルド」は「マック」「マクド」「マクナル」と様々な略され方をします．また，英字語であれば，「John Fitzgerald Kennedy」→「JFK」のような頭字語もあります．

ある候補ペアが頭字語関係にあるかどうかについては，単語列の各構成単語の冒頭文字を連結して略語と同一になるかを判定することで一定の精度で判定可能です．ただ，「Nippon Telegraph and Telephone Corporation」と「NTT」のように，構成語の一部だけを略語にする場合もありますので，両

---

67) 単純な編集距離だけでなく，その時点でのペア確率を算出して確率最大になるようにアラインメントしても構いません．

68) 紹介文献では同時確率 $P(a_i, b_i)$，本節の記述では変形確率 $P(b_i|a_i)$ ですが，実用上はどちらを採用してもあまり精度に差はありません．また，素片の連鎖で確率を計算して並びによる音変化を考慮することも考えられます．

69) 紹介手法を用いた音揺らぎ判定 API が [43] にて公開されています．興味のある読者はご覧ください．

者の編集距離を計算してしきい値判定するといった工夫が多少必要になります．助詞や冠詞，接続詞は略語に含まれない傾向があるので，5.6.1項で述べた音揺らぎの判定と同様に編集距離に重みをつけることも考えられます．さらには，略語関係のペアを集め，構成単語の1文字目が略語に含まれるかどうかの確率を算出して編集距離の重みとすると，単純な手調整重みより精度が期待できます[70]．

日本語の略語関係にも一定の法則があり，一般に略語は4モーラもしくは3モーラになる傾向があります．モーラとは音韻の単位の名称で，俳句や短歌で五七五と数えるのがモーラです．日本語では概ね1文字1モーラになりますが，「じゃ」のような小書き文字は前の文字と2文字セットで1モーラになります．一方で長音「ー」と撥音「っ」は，前の文字とは独立で1モーラを構成します．「マクドナルド」の例を取りますと，「マック」と「マクド」は3モーラ，「マクナル」は4モーラの略語です．

したがって，日本語が略語関係にあるかどうかを判定するには，(1) 形態素解析器を用いて元の語と略語候補の読みを推定し，(2) 略語候補が4モーラもしくは3モーラであることを確認し，(3) 元の語の読みの一部を組み合わせると略語の読みになるかどうかを判定します．その他にも，先頭文字は略語にも含まれやすい，2文字連結で略語に含まれやすい，といった傾向もありますので，より精度が必要であればこういった特徴も反映する必要があります．

▍5.6.3　別名の認識

愛称のように，より複雑な別名関係もあります (図5.8)．別名の発生理由は複雑なため，機械推定よりも各種の情報源から集めるのが現実的です．例えば，ウィキペディアのInfoBoxやリード段落には，愛称や別名が数多く掲載されています．これらは定型的な表現で記述されているので，"愛称は (.*?)(?:です|だ)?。"のような抽出パタンを書いて収集することは比較的容易です．

別名関係を集めるには，他にも多くの手法があり，例えば，検索クエリログから集める手法[45]や，アンカーテキストから集める手法[21]などが提案されています．ただ，残念ながら，クエリログを利用するには広く運用されているサーチエンジン，アンカーテキストを利用するには大規模なクロールデータなど，特定のリソースを必要とする手法が多いので，実際には採用できないかもしれません．

一点注意が必要なのは，これらの手法での別名収集は，ノイズも多数含ま

[70] ... といろいろと書きましたが，実際には日本語のクチコミ分析において英字の頭字語関係の名寄せが大事になることは経験上あまりなく，必要ないくつかを同義語辞書として準備すれば事足りていました．ですので，実装レベルは必要性に応じて決めるという方針でよいでしょう．

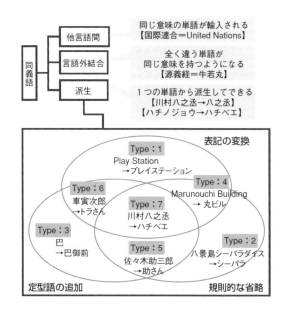

図 5.8 同義語のタイプ（文献 [44] より）．同義関係の成立由来を，言語間，派生，その他（言語外結合）に分類し，派生はさらに音類似（表記の変換），追加，省略に分類している．

れるという点です．ウィキペディア等からの抽出パタンによる収集であれば，手堅いパタンの記述に気を付ければある程度の精度は保てますが，大規模データからの統計的手法での収集であればかなりのノイズが混入します．このため，別名判定基準として複数尺度を併用するなどの工夫が必要になります[71]．

5.6.4 属性の名寄せ

音揺らぎや略語は，主として対象物（商品）に関するものでした．また，音揺らぎは主観表現でも生じます．では，属性（対象物属性）ではどのような問題が生じるでしょうか．

商品属性が属性体系（5.3.3 項）に基づいて抽出されているならば，どの属性に関するクチコミかが抽出段階で判定されていますので，特別な名寄せ処理は不要です．

一方で，属性体系を定めずに，クチコミに記述された属性表現をそのまま構造化した場合には，名寄せの問題が生じます．

対象物属性とは，例えば，

[71] 実は別の視点もあります．別名辞書の用途が名寄せであることを考えると，この辞書は精度よりもカバレッジを重視すべきです．仮に，辞書に誤った名寄せエントリが含まれていても，たまたまそのペアが名寄せ候補に登場しないと悪影響はありません．どの程度のさじ加減で集めるべきかは，辞書収集の情報源とクチコミ分析対象コンテンツに依存しますが，辞書情報源とコンテンツの独立性が高ければたまたまの出現率は低くなりますので，再現率重視が好ましくなります．

(13)　ケータイ XY-01A は画面がキレイ.

の「画面」に相当します. 同様の内容のクチコミが例えば

(14)　ケータイ XY-01A はディスプレイがキレイ.

(15)　ケータイ XY-01A はスクリーンがキレイ.

と表現されているかもしれません. すなわち, ここで名寄せすべきは「画面」「ディスプレイ」「スクリーン」です. この事例から分かるように, 属性に関しては, 解くべき課題は表記の揺れや別名といった現象ではなく, 同義語もしくは類義語関係になります.

　類義語関係を判定する一つの手法は類義語辞書の導入です.「画面＝ディスプレイ＝スクリーン」という辞書があれば, 上記 3 例文のクチコミは名寄せできます.

　辞書を用意せずに判定するには, 文脈の類似を判定する手法が有効です.「似た意味の語は同じような文脈で用いられる（**分布仮説**）」という現象が一般に観察されますので, ある語がどのような文脈で使われているかを大量に収集し, その文脈を数値化（ベクトル化）すると, ベクトル間距離が意味の近さを表すようになります. 言葉の意味を表現したベクトルを**分散表現**や**埋め込み表現**と呼びます. 分散表現を求めるには, 周辺単語頻度で作ったベクトルの特異値分解やトピックモデルの利用などいくつかの手法がありますが, 有名どころではニューラルネットでベクトル圧縮する word2vec[72] が挙げられます.

72) https://github.com/tmikolov/word2vec

　属性の名寄せをクチコミ分析システムに導入するには一工夫が必要です.

　対象物の名寄せでは, A と B を同一視するかどうかは概ね yes か no かの真偽値として判定でき, 同一のものを単に加算すれば OK でしたが, 属性の場合にはどこまでを同一視するかは程度問題となります. 例えばレストランのクチコミで「眺めがキレイ」と「夜景がキレイ」は同一と扱うべきでしょうか. もちろん厳密に言うと両表現の意味には差異がありますが,「味」と「雰囲気」と「価格」のようなざっくりとした分解でクチコミを概観したければ,「眺め」と「夜景」は同一にしてほしい場合も考えられます. そのため, 同一視の基準は分析目的に照らし合わせて調整できることが望ましく, 集約時のパラメータとして与えることとします.

　クチコミ集約機能（第 7 章）では, 該当のクチコミ情報をクラスタリングして, 指定された属性数になるようにグループ化します. 図 8.13 (p.149) は, 文献 [46] の分散表現類似度でセンチメントをクラスタリングした例です.「画

面」と「液晶」,「バッテリー」と「電池」がそれぞれ同一クラスタに分類されています.

5.7 非同一性の判定（あいまい性解消）

　同一性の判定（5.6節）とは逆に，各表現のあいまい性の解消が必要になる場合もあります．例えば，自動車の「アクア」と洗濯機の「アクア」を区別できないと，「アクアはエコ」というクチコミのカウントを誤ってしまいます.

　しかし，あいまい性の解消は，大規模な語彙サイズで汎用的に解くのはたいへん難しい問題です．例えば，CGM テキストに登場する福田さんは，有名人だけに限っても，膨大な人数となります[73].　ここで，フルネームで「福田一郎」さんに限ることとすれば，別人の混入はある程度防げますが，CGM でフルネームで書かれていることはあまり期待できません．ある特定の「福田さん」のクチコミを網羅的に分析することの難しさが理解できると思います.

　網羅的に分析することは難しいため，実際のシステムではいくつかの手段を組み合わせて，カバー範囲の拡大と別対象の混入率の低減を図ります.

[73] 2008 年のウィキペディアにエントリを持つ福田さんは 70 人以上います.

■文書分類を併用する

　クチコミの抽出を実行する前に，文書分類によって記事の分野を限定できると，表現が同一の別物の混入をある程度防げます．「アクア」の例であれば，「自動車」分野の記事だけに限ると，洗濯機「アクア」が混入することはかなり抑制できますし，芸能人の山田さんと政治家の山田さんの場合も，同様に対象文書を限定することで分離が期待できます.

　記事分野の推定には，大きく分けて，教師なしと教師ありの機械学習手法が利用できます.

　教師なしの手法とは記事のクラスタリングです．何らかの方法で記事をベクトル化できると，類似の記事のクラスタを求めることができます．記事のベクトル化にはいくつか手法が考えられ，単純に単語頻度や tf-idf のベクトルを用いる手法や，5.6.4項で述べたような単語の分散表現を積算して記事のベクトルとする手法，トピックモデルで記事のトピック分布を求めてクラスタリングする手法などが考えられます.

　クラスタリングでは，政治や芸能といった分野を具体的に判定することはできませんので，具体的な記事分野を利用したい場合には，分野情報が記事

に付与された教師データを用意して分類器を作成します.

　センチメントをカウントする際に，異分野のタプルを加算しないようにすることで，別物の混入を抑制できます. 例えば，パソコンの比較サイトにクチコミ分析を設置する際には，パソコン分野のセンチメントのみを集計対象にします.

■クチコミ検索のクエリを利用する

　あいまいな「山田」さんは，クチコミ検索に限らず，一般的なウェブ検索でも厄介です. ユーザーがあいまい性のあるキーワードで検索するときに，どのような工夫をしているかを考えてみましょう. 有名な政治家山田さんと人気の芸能人山田さんがいる場合には，ユーザーは，例えば「山田　○○党」のように絞込み語を付加してキーワード検索するでしょう. 絞込み語を付けると，芸能人の山田さんに関する文書をかなり除外することができます.

　クチコミ分析システムにおいても，対象物名の他に，こういった絞込み語をユーザー入力できるようにシステムを設計することが考えられます. クチコミ抽出記事を絞ることで，政治家山田さんに関するクチコミを正しく集計できます.

■評価対象が特定できるテキストを分析対象にする

　クチコミ分析において問題となるあいまい性は，主として対象物に関するものです. したがって，レビューサイトのように，元々どの対象に関するクチコミかが特定できるテキストの場合には，こういったあいまい性の問題はほとんど発生しません. クチコミ量の多さよりも信頼度の高さを優先するシステムの場合は，確実なテキストのみを対象とするのも一案です.

5.8　センチメントの構造化

　ここまで述べてきた各要素の抽出とそれらの名寄せで，センチメントタプルを埋める材料はそろってきました. クチコミのデータベースを作るには，あと，どの要素とどの要素が組み合わさってタプルを形成するかの判定が必要です.

　対象物，属性，主観表現の全要素が一つの文に出現するような事例の場合には，あまり悩む必要はありません. 文中に共起したものを単純にタプル化

すれば概ね正しく構造化できます．中には複数の対象物候補が出現する文も
あり，その場合には係り受け関係から判定する必要がありますが，複数が出
現する文は例外的であり，多少の解析誤りがあっても影響は軽微です．

しかし，単一の文中に3要素がすべて出現している事例はかなり稀です．3
要素のうち，属性は主観表現の近傍に出現しやすい傾向がありますが，対象
物は多くの場合離れて出現します．これは，評価等の対象は文章の主題とな
ることが多く，主題は，文書や段落の冒頭で一度提示されると，あとは代名
詞で言及されることが一般的であるためです．日本語の場合は，代名詞が省
略されて**ゼロ代名詞**化することが多く，さらに問題を難しくします．

日本語のゼロ代名詞推定は難易度の高い技術で，あまり良い精度は望めませ
ん．特にCGMのような崩れたテキストでの高精度な推定はかなり困難です．

ここでは専用の対象推定器を作成することを考えます．

以下のように問題を考えます．

- 対象物の候補は記事から抽出されてリストアップされている（5.3.1項）．文
  書外に出現している可能性もメタデータとして与えられている[74]．
- 主観表現の候補も抽出済みでリストアップされている（5.3.2項）．
- 各主観表現はどれか一つの対象物と関連づけられる．

このように設定すると，問題は，

- 各主観表現に関連する対象物を，候補の中から一つ選ぶ．

という形にできます[75]．

シンプルにこの問題を解くには，「テキスト中での出現位置が最も近い対象
物候補を推定結果とする」というやり方が考えられます．実際にこの方式で
も一定の推定精度は得られます．

より精度を上げるには，対象物候補から正解を選ぶ機械学習が有効です．
機械学習においては，助詞情報などを手掛かりに焦点の移り変わりを文頭か
ら追跡して特徴として用いることで，ある程度離れた箇所に出現する対象物
も抽出されやすくなります[47]．

ただ，残念ながら，専用の推定器を組み立てたとしても，高い精度を達成
するのは相当に困難です．また，そもそも記事から対象物候補を抽出するこ
とに失敗している場合も考えられます．そのため，対象物を発見できなかっ
た場合には「対象物不明」なタプルを作成しておくことにします．対象物が
不明なタプルの対象物はクチコミ集約時に決定します（7.3.1項）．

---

74) レビューサイトのク
チコミの場合には，本文
中に商品名が書かれてい
ないことがよくあります．
また，対話型のメディア
の場合には，対象物は以
前の記事に出現している
ことが考えられます．

75) 実はゼロ代名詞推定
でも問題設定は同様（対象
＝主語，主観表現＝述語）
なのですが，ゼロ代名詞
推定が文書中の体言すべ
てと文書外参照を候補と
して問題を解くのに比べ
ると，クチコミ分析にお
ける対象物候補はそんな
に多くなく，センチメン
トの対象推定は問題が簡
単になります．

5.9 不適切なクチコミ

クチコミ分析の用途によっては，いわゆる「不適切」な表現・内容に対する考慮が必要になります．ここで不適切とは，公の場所で発言すると非難の対象になるようなものを指します[76]．マーケティング目的などでの社内利用であればあまり気にする必要はありませんが，例えば消費者ナビゲーション向けのシステムであれば，抽出されたクチコミが不特定多数の目に触れることになります．検索サイトなどで，コンピュータが自動的に生成するウェブページを提供する場合には，「表示される情報はインターネットから機械的に収集されたものであり，当社はその正確性や道徳性を保証するものではありません」といった免責条項を記載することが一般的ですが，そうはいっても掲載内容によっては，（その法的責任の有無には関わらず）いわゆる「炎上」する懸念があります．

クチコミ分析が取り扱う主対象は，著者の主観が記述されたテキストなので，一般の検索エンジンよりも悪意を伴った内容が含まれやすくなります．さらに，これまで見てきたように，分析に使うためには記事の一部を切り取って抽出したり，一定の正規化を経て計算機処理することから，原著者の意図とは微妙に違った主観内容になったり，元々のクチコミよりも見解が強調された印象になる可能性があり，その差分は情報編集者であるコンピュータシステム（を運営している会社）の責任と見える場合もあります．

炎上までは至らなくても，印象的な分析結果が表示されるとネットで面白おかしく取り扱われる可能性もあり，その内容によっては，分析対象の人物や企業に不快な思いをさせるかもしれません．

不適切な表現はいくつかタイプがあります．

(1) 侮蔑の意味を含む評価表現
(2) 差別語
(3) 汚い言葉・アダルト表現
(4) 論評すると NG な場合がある事物

これらのうち，(1)～(3) はその用語を使うこと自体が NG である可能性があり，(4) は用語単独では大丈夫であっても組み合わせると NG になる場合が主です．

これらを検出するにはいくつかの手法を組み合わせます．

[76] ヘイトスピーチや犯罪予告などはその最たるものと言えます．

用語が NG なものの検出は辞書の整備が中心になります．特に問題になりやすいのは評価表現ですので，まずは評価表現辞書から危険なエントリを除去します．しっかりとやるのであれば全数チェックすべきですが，効率的に進めるのであれば，危険な文字を含む評価表現を重点的にチェックするとよいでしょう．例えば，侮蔑の意味を含む評価表現を作りがちな「痴」とか「耄」や，論評してはいけない対象になりがちな「宗」とか「女」などの文字を含む評価表現は NG の可能性があります[77]．

差別語やアダルト語などは名詞が主ですので，評価表現よりも属性や対象物に登場します．こういった表現を除去するにはブラックリストを整備するのが有効ですが，形容詞中心の評価表現に比べて名詞は数が多く，大規模な辞書整備が必要となってきますので，どの程度までしっかりとフィルターを構築するかはサイト方針次第となるでしょう．

用語単独では判定できずに，組み合わさって内容が NG になるものの除去は難問です．内容が適しているかどうかを判定するには，コンピュータがその内容を捉えていることが必要なだけではなく，その主観内容がどこで表明されているかに基づく判断も必要です．例えば，よく言われる一般則として，スポーツ競技の場面では政治的主張は控えるべき，というルールがあります．これに抵触すると競技連盟からペナルティが与えられるなどがありますが，政治的主張は選挙や国会審議の場では当然に主張されるべきものであり，コンピュータがこういった状況まで踏まえてフィルタリングすることは容易ではありません．

そこで，システムへの実装としては，論評すると NG な場合がある事物を検出することを目指し，表示の可否はサービス設計側でコントロールできるようにします．ここで，論評 NG なものとしては，宗教，政治信条・政治的主張，社会的弱者，性差に関するもの，病気，身体的特徴などが挙げられます．論評 NG なものを検出するには，対象物と属性でフィルターします．もし属性語辞書を用いて属性を抽出するのであれば，辞書の危険な属性語にフラグを付与しておきます．文構造を手掛かりとして属性抽出する場合には，分析対象が限定的であれば特化した NG 辞書を整備することが有効です．分析対象が幅広いサイトの場合には NG 辞書の整備は大仕事になりますので，属性の意味分類をもとに検出ルールを記述します．例えば文献 [48] のような意味辞書を用いると，[身体の部分] といった意味分類が取得できますので，対象物や属性がこれらの語に該当するかどうかがチェックできます．

77) 他に，盲，奇，矯，症，教，老，病，などの文字が考えられます．

不適切なクチコミを検出する際には，なぜそれがNGであるかの分類を併せて出力させます．NG理由が得られていると，例えば選挙サイトに設置するクチコミ分析にはこれはOKだけど，オリンピックの感想を分析したサイトにはこれはNGといった制御が可能になります．

辞書やルールの整備以外の手段としては，そもそもの分析対象CGMを選別するという方法があります．CGMサイトは，お行儀のよい記事が中心のサイトや，荒れた内容を許容しているサイトなどに傾向が分かれています．不適切表現の除去を優先的に考える場合には，比較的お行儀のよいサイトのみを分析対象にするという方針もあります．

ここまで，懸念をできる限り除去する方向で可能性を列挙してきました．当然ながら，ガチガチにフィルタリングしすぎると，面白みがなくなる恐れも十分にあります．例えばある人物の評価として「美女」というのはどうでしょうか．文脈や場面によってはこれは十分にNGで，例えば一般紙の政治面で政治家の論評として「美女」と書かれていることは稀でしょう．

一方で，週刊誌やスポーツ新聞ではこのような表現はある程度見かけます．それがお行儀がよいかどうかはともかく，一定の許容範囲と読者需要はあると言えるでしょう．不特定多数が目にするサイトを作成する際には，それがクオリティ・ペーパー的なサイトとして位置づけられるのか，ゴシップ週刊誌的なサイトとして運営するのかといったメディアとしての位置取りを定め，どのレベルの不適切表現をフィルタリングするかを決定する必要があります．

5.10 消費者の理解

クチコミ記事からは，対象物に関しての主観情報に加えて，クチコミを書いた著者（消費者）に関する情報も得ることができます．本節では，記事から消費者情報を得る手法について紹介します．

5.10.1 消費者属性の理解

商品のアンケート調査では，回答者のプロフィール（属性）の記入がよく求められます．これは，調査が想定している層と回答者が合致しているかの

確認や，セグメントごとの分析を企図しているからです．例えば，女性向け
バッグのアンケートは主として女性から収集したいですし，女性の中でも年
代や職業によって意見が異なっているかもしれません．

　クチコミ分析においても，消費者のプロフィールが判明しているとクチコ
ミの理解に役立ちます．例えば，あるカバンに対して，「小さすぎる」という
評価と「大きすぎる」という評価の両方がクチコミに現れる場合があります．
一見矛盾しているようですが，これは「私にとって」という前提を置くと全
く矛盾ではなく，前者は子育て中の主婦の意見で，後者は会社員の意見であ
ると考えると，納得できるでしょう[78]．

　消費者属性推定の情報源としては，CGM プロフィール欄と記事本文の二
つがあります．

■プロフィール欄からの獲得

　CGM サービスの多くでは，ユーザーのプロフィール欄が設けられていま
すので，まずは，ここから取得することを考えます．CGM のプロフィール欄
にはテンプレートが用意されていることも少なくなく，テンプレートに従っ
た記述が多く見られますので，人手で抽出ルールを作成することで，ある程
度著者属性を取得することができます．

　ただ，テンプレートはメディアごとに様々ですので，抽出ルールもそれぞ
れに必要になり，多数のメディアを対象とする場合には，人手作成に限界があ
ります．効率的に抽出ルールを作成するために，テンプレートに沿って記載
されたウェブページとその中の属性（例えば "性別: 男性"）を教師データと
して与えることで，抽出ルールを自動獲得する手法が提案されています．こ
のような手法はラッパーインダクションと呼ばれ，性別，年代といった，取
りうる属性値の範囲が決まっている属性には有効です [49]．

　また，著者の自己紹介は自由記述でなされますが，分析に使うことを考え
ると一定の体系にマッピングする必要があるでしょう．例えば，職業分類体
系が，{ 会社員, 公務員, 自営業, ... } となっていれば，「○○市役所職員」と
いうプロフィールは「公務員」にマップしておくのが妥当です．

■記事本文からの推定

　CGM ユーザーの中にはプロフィールを記述していないユーザーもいます．
また，そもそも匿名のメディアでプロフィール欄がない場合もあります．こ
ういった場合には，CGM メッセージの内容から消費者属性を推定します．推

78) いずれにせよこのカ
バンにとってはネガティ
ブ評価になるわけですが，
問題点は商品そのものに
あるというよりも，「この
商品は誰向けであるか」と
いうことを消費者にしっ
かり伝達できていないと
いう，消費者コミュニケー
ションに問題がある例と
言えるでしょう．

やっとのことで帰宅. いつものように
＜焼酎 M＞ とチョコレートを一緒に食べてます.
この組み合わせが最高です.
いい気分のまま寝ます. おやすみ.

図 5.9　商品に関する CGM の例（文献 [51] より）.＜焼酎 M＞ には実際には具体的な商品名が入る.

定には，著者属性が判明しているテキストを教師データとして文書分類器を構築します [50]．教師データの準備には，プロフィールが判っている人にテキストを記述してもらう方法や，データ作成者がクチコミテキストを読んで著者属性を人手推定する方法などが考えられます.

5.10.2　消費者行動の理解

4.3.1 項で述べたように，消費者が，個々の商品とどのような接触を持っているかの情報も分析に有効です．ここでは，消費者がその商品を購入しているかどうかを推定する手法を紹介します.

この手法では，商品の購入者に特有の行動を記事から検出することで，商品の購入有無を推定します [51]．例えば，酒類を買ったユーザーは，その酒を「飲ん」だり，「冷やし」たりします．また，アルコールと一緒につまみを「食べ」たり，飲んだ後に「寝」たりするでしょう（図 5.9）．前者はその商品をどのように扱うかを意味しており，後者はその商品と関連した行動と言えます.

商品購入者が取る行動の知識は，大量のコーパスから獲得します.

商品を扱う行動を獲得するためには，次のように，商品が道具格（〜で）もしくは対象格（〜を，〜に）に来る動詞を構文パタン[79]で獲得します.

- ＜商品名＞(?:で|を|に)(＜動詞＞)

商品と関連した行動を獲得するには，やはり構文パタンで，商品購入や商品使用と同時に出現する動詞を獲得します.

- ＜商品名＞(?:で|を|に)(?:＜BUY＞|＜USE＞)して(＜動詞＞)

ここで＜USE＞は，先ほど獲得した，「飲む」や「冷やす」などの商品を扱う動詞で，＜BUY＞は，「買う」や「購入する」などの購入を意味する動詞をあらか

[79] 記載のパタンは正規表現風に簡略化して記述してありますが，実際には構文木へのマッチですので，途中に文節が挿入されるなどの可能性があります．イメージと捉えてください.

じめ人手でリストアップしたものです.

　消費者の行動を表すこれらの動詞を特徴として文書分類器を作ることで,各商品を消費者がすでに購入しているのか,それとも購入前に期待などを述べているのかを判定することができます.

5.11　この章のまとめ

　本章では,クチコミ記事を意味情報に変換する,テキスト解析・情報抽出技術について述べました.抽出される意味情報は主としてセンチメント情報と消費者情報です.抽出技術で必要となる辞書等の言語リソースの準備方法や,ルール・統計モデルの構築についても,クチコミ分析ならではの要素を中心に説明しました.また,崩れた表現が多いクチコミ記事に対応するためには,崩れた表現が解析できる解析系と,同一事物を指す異表記の名寄せが必要なことを述べました.併せて,分析結果を公に表示する場合の不適切表現の取扱いについて,留意ポイントを紹介しました.

第6章

クチコミ情報のテキスト生成

　クチコミ情報の可視化にはいろいろなバリエーション（第8章）があり，グラフや数値データで表示するだけではなく，テキストで表示する場合もあります．また，グラフや表として可視化する場合でも，グラフの軸ラベルや表の見出し行としてテキストが必要になります．さらに，何らかの観点でピックアップされた多数のクチコミをコンパクトに要約することも考えられます．本章では，クチコミ情報の集約結果をテキストとして表現する場合のテキスト生成・要約技術について述べます．

6.1　センチメント情報タグの生成

　大量の文書の内容を概観したい場合に，キーワードの**タグクラウド**で表示するという方法があります．タグクラウドとは，コンテンツに付与されたタグを集めて視覚的に表示する手法の一つで，タグの頻度や種別によってフォントの大きさや色を変更して，現在どのようなテーマが人気だろうかといった全体傾向をつかむ目的で用いられます．表示されるのはメタデータとして付与されたタグに限られず，文書からピックアップされたキーワードのタグクラウドを作成することもできます．文字スタイルを変えるのではなく，タグ（キーワード）の位置に意味を持たせると**散布図**になります．散布図も全体傾向をつかむためによく用いられます．

　クチコミ分析の場合でも，CGM 集合に書かれているクチコミの内容を一目で概観したいときにはタグクラウド表示は有効でしょう．また，頻度や好評度などを軸に取り，対象物を散布図表示することも考えられます[80]．

80) 他にも，ランキング表示（8.5.1 項）やネットワーク表示（8.5.3 項）などでも対象物名を表示します．

クチコミのタグクラウドや散布図表示等の代表的な使い方は，以下の2通りです．

- カテゴリや属性などの何らかの条件を固定して，その条件を満たす<u>対象物</u>を列挙する．
- 対象物を固定して，その対象に関する<u>センチメント</u>を列挙する．

対象物列挙の例は，「画面がきれいなスマートフォン」を検索するような場合や，何らかのキーワードと共起して文書に出現する対象物を一覧するような場合です（図8.22; p.159）．この場合には，対象物名をタグとして，散布図上の配置でクチコミ量を表したり，ポジティブ度合いを表したりすることなどが考えられます．

センチメント列挙の例は，あるスマートフォンの機種を指定して，その機種について言及しているセンチメント全体を俯瞰するような場合で，望ましいタグ文字列はセンチメントタプル（4.2.1項; 下記 (6.1) に再掲）から対象物を除いた属性＋主観表現でしょう（図8.11; p.147）．併せて極性を表現するとすれば，例えば文字色によって表現する案や，ポジティブなタグクラウドとネガティブなタグクラウドの二つに分けて表示する案などが考えられます．

$$\langle\, 対象物,\ 属性,\ 主観表現,\ 極性\, \rangle \tag{6.1}$$

以降でそれぞれの生成方法について検討します．

6.1.1 対象物名タグの生成

対象物名タグは，その対象物名に表記揺らぎがないのであれば，出現表記をそのまま用いることができるので簡単です．検討が必要なのは5.6節で述べたような対象物の名寄せをした場合で，何種類か登場した表記揺らぎのどの表記を選ぶのかという選択が必要です．

単純に最も頻度の高い表記を選ぶという方針も考えられます．しかし例えば「○○党の国会議員」といった人物評判を集計するような場合に，「山田一郎」議員の最頻表記は「山田」かもしれません．同様に「山田次郎」さんの最頻表記も「山田」であれば，タグクラウド上では区別がつかなくなってしまいます．日本人名に限るのであればフルネームを選ぶプログラムを作成することも不可能ではありませんが，任意の対象物名集合から代表表記を選ぶ方式を実現することは困難ですので，下記のようなルールを採用します．

1. 辞書に代表表記欄を設けておき，そこに記述があればその表記を用いる．
2. 代表表記推定手段（例えば日本人のフルネーム判定や 6.2 節のようなクラスタラベル生成）が存在するならば，その手段で表記を選択もしくは生成する．
3. 辞書に登録がなく，推定手段もない場合には，最頻表記を用いる．ただし，他のタグと表記が重複するようならば，次点の表記を用いる．

6.1.2　主観情報タグの生成

　センチメントのタグは，属性表現と主観表現から生成します．単純に「属性表現-主観表現」のようにハイフン等で連結してタグ文字列とすることも考えられますが，ニュアンス的なものも含めてタグクラウド表示するためには，抽出元の記事で，属性表現に後続していた付属語を利用するのも一案です．

　例えば，「画面が美しくて選んだ」のクチコミから主観情報タグを生成するとすれば，

$$\langle \ \text{``画面が美しい''} \ \rangle \tag{6.2}$$

が適しています．このタグを生成するためには，助詞「が」と，「美しく」の終止形「美しい」が必要となりますので，属性表現に後続する付属語と主観表現の終止形もセンチメントタプルと併せて保持しておく必要があります[81]．

　センチメントタプルと，これらの語・文法情報を併せて，(6.3) のセンチメント情報が準備できていると，(6.4) のルールで主観情報タグが合成できます．

81) 終止形そのものではなく，主観表現の活用型を格納しておいて，主観情報タグ生成時に動的に終止形を生成する方針でも構いません．

$$\begin{bmatrix} \vdots & \vdots \\ \text{属性表現} & \text{``画面''} \\ \text{属性後続付属語} & \text{``が''} \\ \text{主観表現} & \text{``美しく''} \\ \text{主観表現終止形} & \text{``美しい''} \\ \vdots & \vdots \end{bmatrix} \tag{6.3}$$

$$\begin{array}{ccc} \text{属性表現} & \text{属性付属語} & \text{主観表現終止形} \\ \text{（画面）} + & \text{（が）} + & \text{（美しい）} \end{array} \tag{6.4}$$

別のクチコミ例，「画面が美しかったなぁ」をタグ化するとすれば，付属語をどの範囲まで含めるかによって下記の3種類の可能性が考えられます．

$$\langle\,\text{``画面が美しい''}\,\rangle \tag{6.5}$$

$$\langle\,\text{``画面が美しかった''}\,\rangle \tag{6.6}$$

$$\langle\,\text{``画面が美しかったなぁ''}\,\rangle \tag{6.7}$$

どれが適しているかはクチコミ分析サービスの狙いに依ります．全体像の把握を最優先にする場合には，集計しやすい「画面が美しい (6.5)」が適しています．(6.5) は (6.2) と同一文字列なので容易に頻度集計できますし，「要するに美しい」，ということを知りたいユーザーには分かりやすいタグでしょう．一方で，できるだけ元クチコミのニュアンスを伝えるという場合には，リッチな表現を選択するのが得策ですので，「画面が美しかったなぁ (6.7)」を選ぶべきです[82]．

どの範囲をタグ文字列とするかは，主観表現抽出ルールの記述，もしくは学習データの付与基準設計で制御できます（5.3.2 項）．終助詞等も含めて抽出するルール（または学習データ）とすればニュアンス重視の表現が抽出され，骨格部分だけというルールとすれば集計重視の表現とできます．

骨格のみを残す方針の場合には，どの語を主観表現に含め，どの語を主観表現外とするかの判定が必要です．文献 [52] では，機能表現辞書「つつじ [53]」の分類に従って，骨格の意味を変えずに削除できる要素を整理しています．つつじは，17000 の機能表現[83] を 89 の意味カテゴリに分類した辞書で，同文献では，述部の意味内容に影響するかどうかの観点からこれら意味カテゴリを再分類し，不要なものを *Deletables* と分類しています．

なお，機能表現にも多義があるので，削除する機能表現を判定するためには多義解消が必要となります．テキスト中の機能表現が辞書中のどの意味カテゴリで用いられているかを判定する意味ラベルタガーが報告されています [54]．

6.2 属性集合表現の生成

散布図や一覧表でクチコミ集約結果を表示する場合を考えましょう．散布図の場合，例えばデジカメの分析で，横軸にバッテリーに関する好評不評，縦軸に画質に関する好評不評として，2 軸で製品名を配置するような可視化

---

[82] 図 8.11 (p.147) のタグクラウドはコンシューマーサービス向けだったので，ニュアンス重視でできるだけ長めに表示するようにしていました．

[83] 日本語の単語は内容語と機能語に分かれます．内容語とは名詞や動詞などの文の意味内容を表す語で，機能語は，内容語間の関係を表したり内容語に付加的なニュアンスを与えたりといった「機能」を担います．助詞と助動詞が主として機能語に該当しますが，「なければならない」のように複数の語からなる表現もあることから，複数語表現も含めて「機能表現」と呼ばれます．

が考えられます．また，図 8.9 (p.144) では携帯電話の各属性を 5 軸のレーダーチャートで表示しています．同様に，図 8.13 (p.149) では，各商品から五つの属性を取り出し，その属性に関するクチコミをタグクラウド表示しています．

散布図やレーダーチャートの軸ラベルと，一覧表の見出し行には，属性名が表示されています．しかしながら，クチコミ記事に登場する属性名は表記がまちまちで，どの表記を軸ラベルや表見出しとして使えばよいかは自明ではありません．

5.6.4 項で，属性体系に基づいた分類問題として属性の名寄せが実現される場合と，抽出した属性をクラスタリングして名寄せする場合を述べました．属性体系に基づく場合には，商品の属性が体系として整理されていますので，軸ラベルを動的に生成するよりも，各属性に代表表記を与えておくのが理にかなってます．可視化時には単にこの代表表記を表示します．

クラスタリングで名寄せした場合には，属性体系が既定ではないので，軸ラベルは各クラスタに属している属性表現から選択，もしくは新たに生成することになります．軸ラベル表現をどうやって選ぶか（生成するか）という問題は，クラスタリングにおける**クラスタラベリング** (Cluster labeling) [8] の問題の一種にあたります．

クラスタラベリングの手法には以下のようなものがあります．

(a) 他クラスタとの差異を強調するようにラベルを選ぶ．例えば，他クラスタ内の要素との相互情報量に基づいて選択する．

(b) 自クラスタの意味に最も近いものを選ぶ．例えば，クラスタの中心に最も近い要素を選択する．

(c) 自クラスタで最も頻度の高い要素を選ぶ．

最初の手法 (a) は，他クラスタとの差異を際立たせるようにラベルを選択する考え方で，(b) と (c) は自クラスタの代表選手を選ぶという考え方です．また，(a) と (b) の二つは各要素の意味をもとに選ぶ考え方で，(c) は特に意味的な中心を考えずに単純に頻度で選ぶ考え方です[84]．

クチコミ分析におけるクラスタラベル選択でも，意味をもとに考えることができます．クラスタリングの過程で何らかの意味距離を計算していますので，他クラスタとの距離や，自クラスタの中心ベクトルや重心ベクトルとの距離に基づいて選択するのが一案です．

こうやって選択されたクラスタラベルは意味的には適切なものであること

84) 頻度が高いとクラスタ形成への貢献も大きいので，クラスタ中心に近い位置取りも期待できます．

が期待できますが，クチコミ分析の場合には，選択対象となるラベル集合の
テキスト品質があまり高くない可能性があります．対象コンテンツがニュー
ス記事の場合には，記事見出しの中から一つを選ぶと高品質な日本語テキス
トが得られますが，クチコミ分析での選択対象は CGM テキストから自動抽
出した属性名ですので，乱れた表現や抽出誤りが含まれており，日本語とし
て適格でない文字列も混じっています．そのため，ベクトル空間での位置取
りのみを尺度としてラベルを選択すると，意味が理解しにくい表現が選ばれ
てしまう場合が多々あります．

　不適格な事例の影響は，高頻度のものを選ぶことにすればある程度緩和で
きますので，単純に最頻の要素を選ぶという方針は比較的有効です．よく出
現する表現は，比較的理解されやすい表現であることが期待できます．ただ
し，(1) 同じような表現からは同じように抽出誤りをする可能性，(2) 除去で
きなかったコピペクチコミの影響で本来の頻度とは異なる頻度でタプルが生
成されてしまっている可能性，などがありますので，高頻度だから安心と一
概には言えないこともあります．

　なお，センチメントタプルの中には，属性表現が空文字列のものも含まれ
ています．4.2.1 項と 5.3.3 項で述べたように，主観表現自体が何の属性であ
るかの情報を含んでいる場合には，属性はあまり陽には記述されませんので，
属性表現も抽出されません．空文字列のままではクラスタラベルが生成でき
ませんので，属性表現が空文字列の場合には，主観表現を名詞化して代用す
ることにします．例えば，主観表現が「重い」の場合には，「重さ」をクラス
タラベルとします．

6.3　クチコミ要約

　タグクラウドやグラフでの表示を超えて，クチコミ全体のみんなの意見を
説明するテキストが生成できると，いわばマーケットの状況を解説する解説
者機能を備えることになり，クチコミ分析の魅力は大きく高まります．「解説
者」とまではいかなくても，複数の著者のクチコミを要約してコンパクトな
テキストにできると，短時間での概観に役立ちます．

　クチコミの要約を実現する際には以下の点を考慮する必要があります．

● **多数派の意見を盛り込む**：期待されるのは「みんなの意見」です．みんな

と違った独特な意見も大事ですが，まずは多数派の意見を盛り込みます．

- **いろいろな観点のクチコミを盛り込む**：一面的な評価ではなく多角的な分析が望まれます．みんなが気にしている観点を取り上げることが期待されます．
- **異論をどう取り扱うか**：ニュース記事の要約であれば，基本的には記事間には矛盾はないと想定できますが，クチコミ分析であれば，同一対象に対して高評価と低評価が混在するのは当然のことです．異論をどのように要約記事に盛り込むか（盛り込まないか）を検討する必要があります．
- **要約が読みやすいこと**：要約が期待されるのは，対象を短時間で把握したいからです．したがって，内容を理解するのに苦労したり，読んで違和感を感じるような文章では目的を果たせないことになります．

▍6.3.1 テキスト要約技術

クチコミ要約は技術的にはテキスト要約技術の一種で，特に，要約対象の文書が1ドキュメントではなく複数という意味で**複数文書要約**技術に該当します．

テキスト要約技術には，元テキストから重要箇所を抜粋し，それらをつなぎ合わせて要約文を生成する抽出型要約と，要約文として元テキストには存在しない文章を生成する生成型要約があります．現在，実用的に用いられているのは主として抽出型要約です．

抽出型要約では要約文を以下の手順で作成します．

(1) 対象文書を要素に分割する．一般には文の単位に分割することが多く，以下では要素を文と呼び，要素の集合を候補文集合と呼ぶ．
(2) 必要に応じて候補文集合中の文を加工する．
(3) 候補文集合の中から，重要度等のスコアを用いて，要約文書に含めるべき文を選択したリストを作成する．一般には最大文字数が与えられ，その制限内で全体のスコアが最大になるように文を選ぶ．
(4) リスト中の文の並び順を決定して，要約を生成する．要約元文書が一文書の場合には元の出現順をそのまま採用することが多い．

これらの処理は必ずしもこの順番で実行されるわけではなく，例えば，並び順によって接続詞・接続助詞等が変わる場合には，文の加工と並び順決定はこの順序では実行できないかもしれません．また，逐次処理ではなく同時並

行処理の場合もあり，例えば，「要約文の先頭文として使われる場合に限りその文を選択する」のような選択基準を実現するためには，文の選択と並び順決定は同時に解く必要があります．

■シンプルな要約モデル

上記の手順の中で，要約文の内容を決定するのは (3) で，この処理は，何らかの尺度が最大になるように組合せを選ぶ，**組合せ最適化**問題の一種と考えることができます．候補文集合 $D = \{s_1, ..., s_{|D|}\}$ から選択される任意の文集合を S とし，S のスコアを $\mathrm{Score}(S)$，S の文字数を $\mathrm{Len}(S)$，要約文字数の上限を L とするとき，最適な文集合は $\hat{S}$ は，

$$\hat{S} = \underset{S}{\mathrm{argmax}}\, \mathrm{Score}(S),\ s.t.\ \mathrm{Len}(S) \leq L \tag{6.8}$$

と書けます．

s_i の文字数を l_i とすると，$\mathrm{Len}(S)$ は S 中の各文の長さ l_i の総和です．また，S のスコアがシンプルに各文のスコア t_i の総和で与えられる場合には，文 s_i が S に含まれるかどうかの変数 $x_i \in \{0, 1\}$ を導入すると，

$$\mathrm{Score}(S) = \sum_{i=1}^{|D|} t_i x_i \tag{6.9}$$

$$\mathrm{Len}(S) = \sum_{i=1}^{|D|} l_i x_i \tag{6.10}$$

となり，これはすなわち,

$$\mathrm{max.}\quad \sum_{i=1}^{|D|} t_i x_i \tag{6.11}$$

$$s.t.\quad \sum_{i=1}^{|D|} l_i x_i \leq L \tag{6.12}$$

$$\forall i, x_i \in \{0, 1\} \tag{6.13}$$

の **0-1 ナップサック問題**となります．

各文のスコア t_i には，文中の単語の重要度や出現頻度，また各文の出現位置などが用いられます[85]．

---

[85] 文の内容に関するスコアとしては，単語の頻度 (tf) と逆文書頻度 (idf) の積 (tf-idf) が最も基本的なスコアとしてよく用いられます．また，先頭文や先頭段落は重要であることが多いことから，先頭に出現していた文にはボーナス点を与えるようなスコアもよく採用されます．

■冗長性を考慮するモデル

(6.9) のスコアは，単純に各文のスコアを積算したものです．単一の文章を短くする場合にはこのスコアでもある程度の要約が得られますが，複数文書要約の場合には，内容の重複を考慮する必要があるます．例えば A さんが「画面がキレイ」と書き，B さんが「ディスプレイ綺麗ですね」と述べた場合には，両方が要約文に含まれると冗長な文章となるでしょう．

そこで，各文のスコアを独立に定めて積算するのではなく，各文は何らかの概念単位 e_j をいくつか持つこととし，概念単位のスコアの総和が最大になるように要約文を選択することにします [55]．ここで，同一の概念単位が要約文章に複数回含まれてもスコアには寄与しないように設計すると，内容の重複が起こりにくく，冗長な文書となることを避けることができます．

D に含まれる概念単位を $E = \{e_1, ..., e_{|E|}\}$ と表し，概念単位 e_k のスコアを w_k とします．S に含まれる概念を $E(S)$ とすると，

$$\mathrm{Score}(S) = \sum_{e_k \in E(S)} w_k \tag{6.14}$$

となり，S に各概念が含まれるかどうかの変数 $z_k \in \{0, 1\}$ を導入すれば，上式は，

$$\mathrm{Score}(S) = \sum_{k=1}^{|E|} w_k z_k \tag{6.15}$$

と表せます．

文 s_i が概念 e_k を含むかどうかの情報を $m_{i,k} \in \{0, 1\}$ で与えることとすると，下記の**ナップサック制約付最大被覆問題**として表すことができます．

$$\mathrm{max.} \quad \sum_{k=1}^{|E|} w_k z_k \tag{6.16}$$

$$\mathrm{s.t.} \quad \sum_{i=1}^{|D|} l_i x_i \leq L \tag{6.17}$$

$$\forall k, \ \sum_{i=1}^{|D|} m_{i,k} x_i \geq z_k \tag{6.18}$$

$$\forall i, \ x_i \in \{0, 1\} \tag{6.19}$$

$$\forall k, \ z_k \in \{0, 1\} \tag{6.20}$$

ここで，要約 S 中の概念 e_k の数は (6.18) 式の $\sum_i m_{i,k} x_i$ で与えられ，e_k が 2 個以上含まれていても構わないものの，z_k は $\{0,1\}$ ですので (6.16) 式のスコア $\sum_k w_k z_k$ には 1 個分しか寄与しません．したがって，冗長な概念要素が含まれている場合も，スコアは加算されずに要約長だけが加算される結果となり，冗長な要素は含まれにくくなります．

ただし，本モデルに基づく要約処理は，入力文書集合が大規模になった場合には，現実的な時間で最適解を求めることが難しくなります．このため，要約精度を保ちつつ処理速度の改善を図った，冗長性制約付きナップサックモデルに基づく複数文書要約技術も提案されています [56].

■並び順を考慮するモデル

複数文書要約の場合には，選択された要約文をどのように並べるかの考慮も必要です．複数文書要約でも，例えば対象がニュース記事であれば，配信日時情報に従って時系列に並べるなどの方針が考えられますが，クチコミ要約の場合には，各記事は一般には独立に執筆されるため，そこには時系列や因果関係などは存在しておらず，自明な並べ方は見当たりません．以下では文献 [57] のモデルを紹介します．

並べ方をモデリングするにあたっては，2 文の連接スコアが与えられて，並べ方スコアは連接スコアの総和で得られる場合を考えることにします（一次のマルコフモデル）．

まず，仮想的な要約先頭文 s_0 と仮想的な末尾文 s_{n+1} を考え，すべての要約候補 S は s_0 と s_{n+1} を含むこととします．ここで n は元文書に含まれる文の総数です．文 s_i の後ろに s_j が連接した場合のスコアを $c_{i,j}$ とし，また，s_i から s_j への有向辺（弧）を $a_{i,j}$ と表します．二つの仮想文は先頭と末尾に固定されているので，$c_{i,j}, a_{i,j}$ において $0 \leq i \leq n, 1 \leq j \leq n+1$ となります．

文集合 S に順序を与えたものを要約文書 T と考え，$T = <S, A>$ とします．ここで A は T に含まれる有向辺の集合であり，つまり T とはノード集合 S と辺集合 A で定義される有向グラフを意味します．辺集合 A は任意の集合ではなく，s_0 を起点，s_{n+1} を終点として，S の全要素を一度だけ訪問する一列の系列である必要があります．

以上の定義に従うと，並び方のスコア $\text{Score}(A)$ は，

$$\text{Score}(A) = \sum_{a_{i,j} \in A} c_{i,j} \tag{6.21}$$

> お店から見る夜景がとても綺麗でした．創作和食で食卓も美しく景色も美しい．小鉢も沢山でご飯の量も多くて大満足です．おひつに入ったごはんなど，特別な気分も味わえ，お料理も和風で美味しかったです．お店の雰囲気もよく，観覧車が目の前でとても綺麗でした．デートにお奨めのお店です．

図 6.1 クチコミ要約の例（文献 [57] より）．

と記述できます．また，(6.14) 式の概念のスコアを加えた要約全体のスコア $\mathrm{Score}(T)$ は，両スコアの重みづけパラメータを λ として，

$$\mathrm{Score}(T) = \lambda \mathrm{Score}(S) + (1 - \lambda)\mathrm{Score}(A) \tag{6.22}$$

$$= \lambda \sum_{e_k \in E(S)} w_k \quad + (1 - \lambda) \sum_{a_{i,j} \in A} c_{i,j} \tag{6.23}$$

$$= \lambda \sum_{k=1}^{|E|} w_k z_k + (1 - \lambda) \sum_{i=0}^{n} \sum_{j=1}^{n+1} c_{i,j} y_{i,j} \tag{6.24}$$

となります．ここで $y_{i,j}$ は，辺 $a_{i,j}$ が A に含まれるならば 1，含まれないならば 0 となる変数です．(6.24) 式の最適化問題表現は付録 A.2 に示します．

　本モデルは，要約文の並び順を考慮するためのモデルでしたが，注意が必要なのは，S と A は独立ではなく制約関係を持っているということです．すなわち，内容的に高スコアの S がそのまま選ばれるとは限らず，A の連接スコアによっては逆転が生じる可能性があります．具体的には，何らかの結論を述べるにあたって必要となる前提を説明した文や，文章を整えるための導入や締めの文が，連接スコアの加点によって要約文として採用されてきます．図 6.1 の例では，「デートにお奨めのお店です」の文が末尾に選択されていますが，これは内容スコアで選ばれているわけではなく，「お奨め」という単語を含む文と，仮想的な末尾文 s_{n+1} との連接スコアが高いことによって選ばれています．

▌6.3.2　クチコミ要約の設計

　前項のモデルに従ってクチコミ要約を組み立てましょう[86]．モデルを実装する上で決めなくてはならないのは，(1) 候補文 s_i をどう生成・加工するか，(2) 概念単位 e_k をどのように設定するか，(3) 概念単位のスコア w_k をどう定

---

86) 概ね本書の方針で組み立てられたクチコミ要約が [58] にて公開されていました（2018 年 12 月にて停止し，現在はサービス仕様のみ掲載）．

めるか，(4) 連接スコア $c_{i,j}$ をどう定めるか，の 4 点です．

■要約候補文

まず，クチコミ記事を分割して候補文集合を作成します．ベースとなるのは 5.2.1 項で抽出した文集合です．対象のクチコミ記事から抽出された文を候補文として要約アルゴリズムを実行します．

ただし，いくつか考慮すべきポイントがあります．複数文書要約では記事は文単位でばらばらになり，並べ替えられて要約テキストが生成されます．したがって，文間の相互参照を意味する表現が文中に入っていると，新たな並び順では違和感をもたらしたり意味が通らなかったりする可能性があります．代表的な表現は接続詞と指示語です．

接続詞は，そこまでの文章展開と次の文との関係を表示するために用いられるので，文脈から切り取ってしまうと意味を持ちません．場合によっては，元文書と異なる意味になってしまう可能性もあります．文間の関係を要約モデルに持ち込むことができると理想的ですが，そのためには文間関係の理解部なども必要となり，実現は容易ではありません．

そこで，文頭の接続詞は取り除くことにします．例えば，「ずいぶんとお値段の張るお店でした．だけど料理はおいしかったぁ．」の記事の第 2 文からは「だけど」という接続詞は除去し，「料理はおいしかったぁ」を候補文とします．

指示語の問題点は，参照先の文が要約に含まれなかった場合には，意味が通らない文章になるという点です．また，要約テキストを並べた結果，文法的には参照先になり得る名詞がたまたま含まれていた場合には，誤って解釈される文章となる可能性が生じます．

指示語は文中に埋め込まれて出現するので，文頭接続詞の場合のように加工して無難な文を作成することは困難です．できあがる要約のテキスト品質を重視する場合には，少々大胆ですが，指示語を含む文は候補文集合から除外する方針も考えられます．

■クチコミ要約における概念単位

次に，概念単位として何を採用すべきかを検討します．

第 4 章でクチコミの意味表現のモデリングを進めてきたように，クチコミ分析において中心となる「概念」はセンチメントです．センチメントをモデル化したセンチメントタプルは〈対象物, 属性, 主観表現, 極性〉から成りま

すが，クチコミの要約を作る際には，対象物を固定して，その対象物に関する各種意見を述べるテキストを生成することになります．また要約文書とは「要するに」を端的に述べるという意味で，個々の主観表現が持つニュアンスは措いておき，ポジティブなのかネガティブなのかでざっくりと集約することが望まれます[87]．したがって，概念単位としては残りの〈属性，極性〉を採用するのが適していると考えられます．

ここで，概念単位は要約文の冗長性を除外するために導入されたことを思い出してください．つまり冗長な概念は名寄せされている必要があります．また，集約のためには極性も連続値ではなく離散値である必要がありますので，極性は {P, N, PN} の 3 値と取り扱うことにします．

概念単位を〈属性，極性〉とする場合，属性は同一で極性が異なる概念単位が存在する可能性があります．これはクチコミ要約では当然のことで，ある属性についてポジティブ評価が 10 人，ネガティブ評価が 7 人といった状況は容易に想像できます．このような，ある種の矛盾を含むセンチメント集合の要約テキストをどう作文するかは悩ましいところです．極性が異なる概念単位をそのまま両方とも要約テキストに含めると，その要約は理解が難しい文章になるでしょう．作文テンプレートを用意して「〜については概ね高評価だが，〜といった異論もある」のような要約を生成するのも一案ですが，元のクチコミ記事の表現を活かした抽出型要約にテンプレート作文を追加導入することはなかなか難問です．矛盾するクチコミが含まれる場合にはその概念単位は候補に含めない，もしくは意見量に大きく差がつくようならば主流派の概念単位のみを採用する，といった工夫が必要となります．

■概念単位のスコア

概念単位のスコア w_k としては，まずは元記事群におけるタプル頻度を用いるのが適当です．本節冒頭に述べましたように，クチコミ要約に含めるべきは「みんなの意見」です．同様の意見が多数述べられている場合にはその意見を要約テキストに含めるべきです．

ただし，スパムクチコミの影響に注意する必要あります（3.3 節）．単一記事中で評価を連呼するような記事や，同一人物による重複投稿の影響を避けるという意味では，単純なタプル頻度よりも，記事数や記事投稿人数のような尺度が適している可能性もあります[88]．

別の観点として，「対象物にとって重要な属性」がある場合が考えられます．例えば EC サイトに併設されたクチコミ要約の場合では，EC サイトに

---

[87] つまり，極性が設定しにくい感性情報のようなセンチメントの要約は難問です．

[88] もっとも，こういった単純な規則では検出できないスパムが多いのですが．

て，各商品に対しての比較軸が準備されているかもしれません．また，レーダーチャート（図8.9）とクチコミ要約を並べて表示するような場合を考えると，要約テキストには，レーダーチャートに掲載された軸に関するクチコミが含まれることが望ましいと考えられます．もし特定の比較軸（対象物属性）を要約テキストに含めるべきといったサービス設計があるのであれば，その属性の概念単位を加点するなどの方法で実現します．

■連接スコア

連接スコアは，主として要約テキストの読みやすさのために導入する尺度でした．あることを述べる前にはこのことを述べるべき，といったことがモデリングできると，唐突感などを避けて自然なテキストに近づきます．

自然なテキストかどうかの尺度は，実例から統計的に獲得するのがよいでしょう．実際の文章に含まれる連接は，観察されない連接よりも自然であると考えられます．クチコミ分析システム構築の過程で大量のクチコミ記事を収集するので，実例中の並びが高スコアになるように連接特徴を学習します．

各文の特徴は，構成単語の表記や品詞，含まれる固有表現の種別（地名，組織名等）などの集合で表現され，連続する2文の文特徴に含まれる要素の総当りペア（直積集合）を連接特徴とします．その際，それぞれの文が冒頭文や最終文になりやすいかどうかを学習させるために，仮想的な文 s_0 と s_{n+1} は，それぞれ<d>と</d>という特別な特徴を持つこととします．この特徴により，導入文や締めの文が要約テキストに含まれやすくなることが期待できます．

特徴学習アルゴリズムの詳細は文献 [57] や文献 [59] を参照してください．学習時に巡回セールスマン問題を解く必要があることから，近似解で代用することで高速に学習する手法がこれらの文献で述べられています．

6.4　この章のまとめ

89) 前節までご覧いただいたように，本書で述べた処理はテキスト生成と言ってもほぼ元テキストの切り貼りで実現されています．元文章をいちど理解した上でのテキスト生成はたいへん難しい技術ですが，将来はニューラルネットワークによる自然なコンピュータ作文が期待されます．

本章では，クチコミ分析結果をテキスト表示する際に必要となるテキスト生成・要約技術について紹介しました[89]．本章で述べたテキスト生成は，名寄せされた対象物の代表名生成，主観情報タグの生成，属性集合表現の生成，そして，クチコミ記事の要約です．

これらパーツをシステムにどのように導入するかには検討が必要です．

主観情報タグの生成（6.1.2項）は，各センチメントタプルに閉じた処理な

ので，記事からの情報抽出の際に併せて生成しておくことが可能です．

一方で，対象物代表名の選択（6.1.1 項）と属性集合表現の選択（6.2 節）は，センチメント集合に対する処理になります．これらはセンチメント集合が決まらないと選択できないので，データベースの集計処理の一種として実装することになります．選択の際には，比較対象のセンチメント集合の情報も必要なため，特殊なデータベース集計が必要です．詳しくは 7.2.3 項で述べます．

クチコミ要約（6.3 節）も記事集合が定まらないと実行できません．しかしながら，本書で紹介した手法は，集合内の記事が多量になるとある程度の処理時間を要しますので，インタラクティブな分析システムへの導入には工夫が必要です．要求される応答速度や対象記事量によっては，商品リストを用意して商品ごとの要約テキストを事前生成しておくといった構成や，最適化問題としての実現を見送り，貪欲法等で近似解で代用することなどが必要となるかもしれません．

クチコミ要約に関しては，本書で述べることができなかった主な技術要素として，(1) 文をさらに短くする文短縮，(2) 文間の参照関係の調整，(3) 複数記事から抽出された文の文体の統一などがあります．文短縮については，文を並べるだけではテキストの自然性や要約率に限界がありますので，短い文に言い換える技術が期待されます．文間参照関係については，本書では参照関係を持つ文を除外して破綻を避けましたが，可能であれば指示語の言い換えなどで参照関係を解決したいところです．文体の問題は本書では無視しましたが，このままではですます調とである調が混ざってしまったり，男性風の表現と女性風の表現が混在してしまうことなどが懸念されます．文の個人性を変換する言い換え技術 [60] などが導入できるとよりよいものとなるでしょう．

第7章

クチコミを集約する

　個々のクチコミ情報を眺めているだけでは，それがある特殊な意見なのか，全体的な傾向なのかは分かりません．第1章で述べたような目的を達成するためには，大量のクチコミ情報を時間軸や意味的な特徴に基づいてまとめて見る必要があります．第4章でクチコミ情報を構造化する方法を述べましたが，集約機能では，これらの構造化されたクチコミ情報を入力とし，時間軸や様々な観点に基づいて集計することで特徴的な数値やユーザーの記載した典型的な表現を出力します．例えば，ある商品に対する性別ごとの好評不評の割合や，時間変化に伴うクチコミの変化，商品のある属性（例：画面）に対するユーザーの評価（例：美しい）などです．これによって，全体的な傾向を把握することができるようになります．

　本章では，まず，集約機能が，どのようなステップによって構成されるのかを見ていきます．次に集約機能を構成する各処理を実現する上での課題と解決方法を述べます．さらに，全文検索機能を持つリレーショナルデータベース（RDB）を用いて，集約機能を実現する方法について説明します．

7.1　集約機能の概要

　集約を行うためには，どのような機能が必要でしょうか．本節では，まず，集約機能に必要とされる三つの基本ステップについて説明します．次に，第4章で述べたクチコミ情報の意味表現を，集約が行い易いデータ構造に変換する方法と，それらのデータ構造に対してこれらのステップを実行する処理を述べます．

7.1.1 集約の基本ステップ

クチコミの集約とは，クチコミ情報の中から調べたい対象に関するものを集めて，それらを時間軸や属性などの観点で分類し，そこから特徴的な数値などを求めることです．すなわち，集約機能は次の三つのステップから構成されます．

1. 商品等の対象物に関連するクチコミ情報を集める．
2. 好不評，時間区間，属性といったいくつかの観点に応じて分類する．
3. 各分類された情報を集計し，特徴的な数値やユーザーの記載した典型的な表現を求める．

以下，集約の典型的な例を見ていきましょう．まず最初に，「ユーザーが商品を購入する際に，クチコミ情報を自分で分析する状況」を考えてみましょう．ここでは，ユーザーとして主に消費者を想定していますが，商品供給者や流通・メディアに携わる人が商品に関するクチコミ情報を分析したい場合も概ね似たようなタスクとなると考えられます．

例えば，特定の商品について分析したい場合，まず，その商品に関連するクチコミ情報を集めます（ステップ1）．次に，集めたクチコミ情報に対して次のステップを行います．

(a) 好不評割合 好評/不評で分類し（ステップ2），好不評ごとのクチコミの頻度や割合を集計により求める（ステップ3）．

(b) 時間変化 時間区間で分類し（ステップ2），時間区間ごとのクチコミの頻度を集計により求める（ステップ3）．

(c) 典型クチコミ 属性や時間区間で分類し（ステップ2），属性や時間区間ごとの典型的な**主観情報**を集計により求める（ステップ3）．ここで，主観情報とは，主観表現または，主観表現とそれに紐づく属性の組を表します．

また，複数の商品の候補があり，それらを比べたい場合は，まず，複数の商品に関連するクチコミ情報を集めます（ステップ1）．次に，集めたクチコミ情報に対して次のステップを行います．

(d) 属性比較 属性および商品でクチコミ情報を分類し（ステップ2），属性ごとの各商品の典型的な主観情報を集計により求める（ステップ3）．

これにより，複数の商品を，ある属性（例：画面）について比べるといったことができるようになります．

　一方，どういう商品があるか分からない場合には，例えば，ある商品カテゴリで，ある特定の属性に対する評価（例：画面が好評）を持つクチコミ情報を集めます（ステップ1）．次に，集めたクチコミ情報に対して次のステップを行います．

(e) 人気商品一覧　商品および極性でクチコミ情報を分類し（ステップ2），商品ごとの極性ごとの頻度を集計により求める（ステップ3）．

これにより，特定の属性（例：画面）が特定の極性（例：好評）となっている商品一覧を取得するといったことができるようになります．

　第8章でも例を挙げますが，上記の3ステップは多くの集約タスクに適用することができます．ただし，例外もあります．例えば，8.5.3項の対象物間の関係をネットワーク図で可視化したい場合は，すべての対象物の組合せの類似度を計算する必要があり，したがって，観点に応じた分類と集計ではありません．本枠組みを利用する際には，対象となるタスクが，「主観情報の収集，観点に応じた分類，および集計」に置き換えられるかどうかに注意してください．

▎7.1.2　集約のためのデータ構造

　次に，集約機能のためのデータ構造について考えてみましょう．集約機能の入力となるのは，第4章で述べたようなクチコミ情報を構造化したものです．第4章では，クチコミ情報を表4.2のセンチメントタプル，消費者タプル，対象物タプル，記事タプル，消費者-対象物タプル，センチメント-記事タプルの6種類のタプルで表現しました．

　ここで，各タプル間の関係について考えてみましょう．まず，ある消費者は，通常，複数の記事を執筆し，各記事の中には複数の主観表現が含まれます．また，センチメントタプルと主観表現は一対一で対応しているとします．このとき，センチメントタプルはそのタプルが出現した一つの記事に紐づくので，センチメントタプルが決まると記事タプルやセンチメント-記事タプルが一意に特定できます．また，ほとんどの場合，一つの記事は一人の消費者によって記述され，記述されたセンチメントは，ある一人の消費者がある時点で，ある一つの対象物との間に何らかの接点があって生まれたものである

104　7　クチコミを集約する

と考えると，センチメントタプルに対して，対象物タプル，消費者タプル，消費者-対象物タプルも一意に対応付けることができます．

　以上のことから，論理的には，表 4.2 のすべての情報をセンチメントタプルに展開した，一つの大きなテーブルとして，6 種類のタプルと同じ情報を扱うことができます．このようなテーブルをここでは，**クチコミ情報テーブル**と呼びます．

　表 4.2 の 6 種類のタプルからクチコミ情報テーブルを作成する例を次に示します．まず，図 7.1 に 6 種類のタプルに対応するレコード集合を示します[90]．ここで，各レコードでは，元のタプルのフィールド値が構造を持つ場合，スカラー値（文字列か数値）になるように変換が行われています．例えば，センチメントタプル上で構造を持った一つのフィールドである属性は，センチメントレコード上では，属性表現，属性クラスの二つのフィールドに変換されています．また，6.1.2 項で述べた主観情報タグの生成に必要な属性後続付属語というフィールドをセンチメントレコードに，センチメントの絞込みや周辺文脈の表示に有用な記事本文を記事レコードに追加してあります．一方，主要なフィールド以外はここでは省略して記載してあります．

　このレコード集合に対して次の対応付けを行うことで，図 7.2 のクチコミ情報テーブルを作成できます．

- センチメント. 対象物 ID ⟺ 対象物.ID
- センチメント.ID ⟺ センチメント-記事. センチメント ID
- センチメント-記事. 記事 ID ⟺ 記事.ID
- 記事. 消費者 ID ⟺ 消費者.ID
- センチメント. 対象物 ID および 消費者.ID ⟺ 消費者-対象物. 対象物 ID および 消費者-対象物. 消費者 ID

ここで，各テーブルのフィールド名を，<テーブル名>.<フィールド名> で表し，⟺ はフィールドの値が一致するレコードを**結合**することを意味しています．また，図 7.2 のテーブルのフィールドの英語名（フィールド識別子）のアンダーバー "_" より前の英文字列が，レコードの種別を表します．レコードの種別とフィールド識別子の接頭辞との対応を表 7.1 に示します．

　一つの記事に，複数のセンチメントレコードが出現する場合，記事に紐づく情報は複数の**クチコミ情報レコード**に論理的にコピーされます．同様に，消費者等に紐づく情報も複数のクチコミ情報レコードにコピーされます．この表現は，同じものが複数出てくる冗長な表現ですが，この形に情報を整理す

[90] センチメントごとの消費者と対象物の関係を表す (4.15) は省略してありますが，キーがセンチメントであるため，センチメントレコードに簡単に結合して取り扱うことができます．

センチメント

ID	対象物ID	属性表現	属性後続付属語	属性クラス	主観表現	極性
1	1	液晶	が	画面	きれい	好評
2	1	操作	も	操作性	簡単	好評
3	2	-	-	携帯性	重い	不評
4	3	画面	は	画面	見にくい	不評
5	1	-	-	-	美しい	好評
...						

消費者

ID	性別
1	男性
2	女性
...	

対象物

ID	対象物名	対象物クラス
1	商品A	スマホ
2	商品B	スマホ
3	商品C	タブレット
...		

記事

ID	記事本文	執筆日	消費者ID
1	商品Aを先月買った。液晶がとってもきれいで、操作も簡単。	20180316	1
2	先月、商品Bを買ったけど、重い。	20180316	1
3	商品Cの画面は見にくい。	20180317	2
4	商品Aを見たら、とっても美しい。早くほしい。	20180327	2
...			

消費者-対象物

ID	消費者ID	対象物ID	使用有無
1	1	1	有
2	1	2	有
3	2	3	有
4	2	1	無
...			

センチメント-記事

ID	センチメントID	記事ID	出現位置
1	1	1	18
2	2	1	26
3	3	2	14
4	4	3	8
5	5	4	12
...			

図 7.1　クチコミ情報を構成するレコード集合

ID	対象物名 (subj_name)	対象物クラス (subj_cls)	属性表現 (stmt_prop)	属性後続付属語 (stmt_propptc)	属性クラス (stmt_propcls)	主観表現 (stmt_eval)	極性 (stmt_ori)	出現位置 (stmt_pos)	記事本文 (doc_body)	執筆日 (doc_date)	性別 (csmr_sex)	使用有無 (csmr_exp)
1	商品A	スマホ	液晶	が	画面	きれい	好評	18	商品Aを先月買った。液晶がとってもきれいで操作も簡単。	20180316	男性	有
2	商品A	スマホ	操作	も	操作性	簡単	好評	26	商品Aを先月買った。液晶がとってもきれいで、操作も簡単。	20180316	男性	有
3	商品B	スマホ	-	-	携帯性	重い	不評	14	先月、商品Bを買ったけど、重い。	20180316	男性	有
4	商品C	タブレット	画面	は	画面	見にくい	不評	8	商品Cの画面は見にくい。	20180317	女性	有
5	商品A	スマホ	-	-	-	美しい	好評	12	商品Aを見たら、とっても美しい。早くほしい。	20180327	女性	無
...												

図 7.2　クチコミ情報テーブル

表 7.1　レコードの種別とフィールド識別子の接頭辞との対応

レコードの種別	フィールド識別子の接頭辞
センチメント	stmt
記事	doc
消費者	csmr
対象物	subj

ると集約処理をシンプルに考えることができます.

7.1.3 クチコミ情報テーブルを用いた集約処理

クチコミ情報テーブルの形式で，クチコミ情報を表すと，集約機能の三つのステップは，それぞれ，クチコミ情報レコードの**選択処理**，**グループ化処理**，**集計処理**に置き換えることができます.

例えば，7.1.1 項で挙げた集約タスクは，次の処理によって実現できます.

(a) 好不評割合

1. 入力された商品名と対象物名が一致するクチコミ情報レコードを選択する.
2. 選択されたクチコミ情報レコードを，極性が好評か不評かでグループ化する.
3. グループごとのレコード数を集計し，割合を求める.

(b) 時間変化

1. 入力された商品名と対象物名が一致するクチコミ情報レコードを選択する.
2. 選択されたクチコミ情報レコードを，時間の区切りごとにグループ化する.
3. グループごとのレコード数を集計し，時間ごとのクチコミ数とする.

(c) 典型クチコミ

1. 入力された商品名と対象物名が一致するクチコミ情報レコードを選択する.
2. 選択されたクチコミ情報レコードを，属性表現と主観表現が同じものでグループ化する.
3. グループごとのレコード数を集計し，頻度の大きなクチコミ（属性表現と主観表現の組）を出力する.

(d) 属性比較

1. 複数入力されたいずれかの商品名と対象物名が一致するクチコミ情報レコードを選択する.
2. 選択されたクチコミ情報レコードを，属性表現（もしくは時間区間），対象物名，主観表現の順にグループ化する.

3. グループごとのレコード数を集計し，属性表現ごとに頻度の大きな
クチコミ（各対象物に関する主観表現）を出力する．

(e) 人気商品一覧

1. 入力された属性表現を持ち，かつ，極性が好評のクチコミ情報レコードを選択する．
2. 選択されたクチコミ情報レコードを，対象物名が一致するものでグループ化する．
3. グループごとのレコード数を集計し，頻度の大きな対象物名を出力する．

　ここで，各クチコミ情報レコードは主観表現と一対一対応なので，集計される単位も主観表現となります．例えば，好評不評の割合は，主観表現の出現数の割合で計算することになるので，一つの記事の中に，複数の好評，あるいは，不評を表す主観表現があった場合は，複数回出現したものとして集計されます．一方，集計する単位を，例えば，好評な主観表現を含む記事数としたり，好評な主観表現を使った人の人数としたい場合もあります．この場合は，集計時に記事 ID や，消費者 ID でユニーク化し，異なり数を求める必要があります．いずれにしても，センチメントタプルという最も細かい単位で情報を管理しておけば，より大きな粒度（記事や消費者）の集計が可能です．

7.2 集約機能を構成する処理の詳細

　前節で，集約機能は，クチコミ情報レコードの「選択処理」「グループ化処理」「集計処理」によって構成されることを述べました．ここでは，各処理に必要とされる要件と実現に向けたアプローチを述べます．

7.2.1 選択処理

　7.1.3 項で述べたように集約の対象となる情報は，一つの大きなクチコミ情報テーブル（図 7.2）で構成されます．そのため，選択処理では，この一つのテーブルから，ある条件に応じてレコードを選択できれば十分です．選択の条件として，通常，あるフィールドに含まれる文字列に対する**完全一致**や**部分**

一致が用いられます．しかしながら，自然言語で記述されたデータには，表記揺れが含まれるため，マッチングに工夫が必要です．

表記揺れへの対策として，しばしば利用される方法として，**クエリ拡張 (Query Expansion)** というものがあります．この手法では，ある単語に対する表記揺れの単語を辞書等で準備しておき，選択条件に or（いずれかの単語を含む）の形で自動で追加します．この手法に利用される表記揺れの辞書は，人手で整備する場合もありますが，第5章で述べたように，（半）自動で生成することもできます．

また，選択条件として，対象物名ではなく，属性表現や主観表現が指定される場合もあります．例えば，「きれいな画面のスマホ」に関係するレコードを選択したい場合などです．このような主観表現や属性表現のマッチングには，単語をベクトル化し，ベクトル同士の距離に基づきレコードを選択するといった手法も有効です．ただし，対象物に関しては，同じ分野の対象物（例：スマホの機種名同士）は同じようなベクトルとなってしまうことが多いため，辞書による方法に頼るのが一般的です．

▍7.2.2　グループ化処理

グループ化処理では，ある観点に応じて，クチコミ情報レコードを分類していきます．その際に留意する点は，次の2点です．

表記揺れ対応　表記揺れや同義語に対応した柔軟な集計ができる．
階層構造生成　階層的なグループを持つ集計結果を生成することができる．

以下，それぞれについて，詳しく述べます．

■表記揺れ対応

集計の対象であるクチコミ情報レコードの要素の一部（対象物，属性，主観表現など）は自然言語で記述されています．そのため，表記揺れや同義語の問題があり，単純な値の完全一致で集計を行うとカバレッジや精度上の問題が生じます．

単純なグループ分けの方法として，レコードのあるフィールドの値が同一のものを一つのグループにするという方法が考えられますが，この方法だと同じ意味を表す別の表記の語をまとめて集計することができません．例えば，「良い」「よい」は，同じ意味を表しますが文字列としては，異なったものです．

そのため，次のような問題が起こります．

- グループに含まれるレコードの頻度を数える場合，本来，一つとして扱いたいものが，二つに分かれてしまい不当に頻度が下がってしまう．そのため，頻度上位として表示される語句が本来意図したものと異なる．
- 本来は一つの項目として表示したいものが二つに分かれて表示されてしまう．そのため，一覧性が悪くなるので，結果を見た際に直感的な把握をしづらい．

動詞や形容詞の活用変化といった表記揺れに対しては，第5章で述べたように，事前に標準形を定め正規化した値を保存することで集計を行うことができます．しかしながら，固有名詞の略語や同義語など正規化の範囲を超えて，同じグループとして扱いたいものもあり，事前に正規化して保存しておくことは不可能です．また，意味的に似ているものをまとめることは困難です．例えば，「美しい」「きれい」は，意味的には近いものですが，表記揺れの範囲を超えていますので，事前に正規化するには限界がありますし，どの程度までを同一と見なせばよいかは集約タスクによっても異なります．これらの同義語の問題があるため，集計時にその用途に応じて，同一と見なす基準を変えられることが重要です．

一方で，正規化をすることは難しくても，二つの単語が与えられたときに，その意味的な近さ（距離）を計算することができる場合があります．距離の計算方法には，いくつかあり，単語の表記そのものに対する**編集距離（Levenshtein 距離）**[61] を用いる方法や，**概念ベース** [62] や **word2vec** [63] と呼ばれる手法で，単語を意味ベクトルに変換し，それらのベクトル間の内積を用いる方法などがあります．

任意の二つの単語の間に距離が定義できる場合，クラスタリングによって，次のようにクチコミ情報レコードをグループ化することができます．

1. 二つのクチコミ情報レコード間の距離を計算する．
2. 距離が近いものは同じクラスタ，距離が遠いものは異なるクラスタになるようにクチコミ情報レコードのグループ化を行う．

クラスタリングの処理は，対象となるクチコミ情報レコード集合が特定された後でしか実行できません．なぜなら，事前に実行しようすると，すべてのクチコミ情報レコードの任意の二つの組合せについて距離を計算しなければならず，計算コストが非常に大きいからです．また，計算コストの問題が

	属性	主観表現	出現頻度
全体			21
	操作		15
		よい	10
		重い	5
	画面		6
		きれい	5
		大きい	1

図 **7.3** 階層的な内訳を持つ集計結果

解決できたとしてもグループ化対象のレコード集合が異なると，同じレコードの組合せが同じクラスタに入らないことも起こりえます．そのため，本来，同じクラスタとなるはずのレコードのペアが，全体でクラスタリングを行うと別のグループに分類されてしまうことも起こりえます．このため距離に基づいてグループを生成するクラスタリング処理は，対象レコードが確定された後に行う必要があります．

■**階層構造生成**

クチコミの集約においては，属性でグループ化した後に，各属性について主観表現でグループ化を行うといった組み合わせてのグループ化処理が必要となります．この際，グループ化された情報の**内訳**を階層的に持つほうがその後の処理が容易なことが多くあります．例えば，時系列のクチコミの総数の変化と，その好評不評の内訳の変化が同時に欲しい場合などです．

そのため，集約結果は，図 7.3 のような階層的な構造を表現できると便利です．ここで，図中の「操作-よい」，「操作-重い」などが個々のクチコミであり，それぞれの出現頻度（それぞれ 10，5）が同じ行に出力されています．また，同時に，属性ごとの出現頻度の小計，操作 (15)，画面 (6) を表現しています．

7.2.3　集計処理

効果的な分析を行うためには，クチコミ情報レコードを何らかの基準でグループ分けした後，各グループに含まれるレコード集合を集計し，特徴的な値（集計値）を生成することが必要となります．ここで，集計値は，次の二つに大別されます．

数値型 最大値，最小値，平均値，レコード数や，単語の重要度，好評度など数値で表されるもので，主にクチコミの全体的な傾向をつかむために使用される．

文字列型 グループを代表する特徴的な用語や，グループの内容をまとめた要約など文字列で表されるもので，ユーザーの実際の声を把握するために使用される．

また，グループ化されたクチコミ情報から，各グループの集計値を生成する際に，必要となる情報は大別すると次のようになります．

(i) 自グループのみ：あるグループの集計値を求めるのに，そのグループに含まれるクチコミ情報レコード集合のみが必要．

(ii) 別グループ集合：あるグループの集計値を求めるのに，グループ分けした際の別グループに含まれるクチコミ情報レコード集合が必要．

(iii) その他：あるグループの集計値を求めるのに，グループ分けした際の別グループだけでなく，それ以外のクチコミ情報レコード集合も必要．

(i) 自グループのみのクチコミ情報レコードが必要な集計値の例には，主観表現の頻度の最大値などがあります．

(ii) 別グループ集合の情報が必要な集計値の例には，好評と不評の割合（**相対頻度**）があります．この計算を行う際に，グループ化を行う条件として極性を指定すると，好評と不評の各グループのレコード集合が得られますが，好評グループのレコード集合だけからは，好評なレコードの割合は計算することができません．両方のグループのレコードの総数が必要です．

(iii) その他の情報が必要なものの例には，**カイ二乗値**があります．カイ二乗値の計算には，四分割表に対応した (A, B), $(\bar{A}, B)$, $(A, \bar{B})$, $(\bar{A}, \bar{B})$ が必要です．ここで，(X, Y) は，二つの事象 X と Y の共起頻度を表します．ここで，共起頻度は，X に相当する条件を満たし，かつ，Y に相当する条件を満たすレコード数なので，グループ化で考えると，条件 X を満たすかどうかでグループ化した各グループを条件 Y を満たすかどうかで，2 段階にグループ化した各グループのレコード数に対応します．このように，(A, B) のグループに対応するカイ二乗値を求めるためには，2 段階目のグループ化の別グループに相当する $(A, \bar{B})$ に加えて，$(\bar{A}, B)$, $(\bar{A}, \bar{B})$ も必要となります．

以上述べたように，クチコミ情報を対象とする集計機能は，文字列が扱えるだけでなく，入力となるクチコミ情報レコードの範囲を広くとる必要があ

ります．ただし，「(ii) 別グループ集合」や「(iii) その他」に対応しようとすると，実装が複雑になります．どのレベルの情報を利用するかは，行いたい集計の種類と実装の複雑度に基づき決定してください．

次に，数値型の集計値の中で代表的なものとして，商品がどの程度好評なのかを表す**好評度**と，ある主観表現が各グループをどの程度代表する値なのかを表す**重要度**の計算方法を紹介します．文字列型の集計値については，第6章を参考にしてください．

■好評度の計算方法

ある商品が好評とされているのか不評とされているのかを分析することは，しばしば行われる集約タスクです．ここで，極性が好評であるレコード数（好評数）や不評であるレコード数（不評数）をそのまま利用する方法もありますが，次の式で，これら二つをまとめた一つの数値（好評度）を計算することができます．

$$好評度 = \frac{好評数}{好評数 + 不評数} \tag{7.1}$$

この式は，分母が十分大きな場合は信頼できる値となりますが，分母が小さい場合は信頼できる値となりません．例えば，好評数が1で，不評数が0の場合，好評度は，1.0となり，この値は，好評数が100で，不評数が0の場合と同じ値です．つまり，たまたまなのか，大量の好評のクチコミがあったのかの区別がつきません．

この問題を解消するために，**スムージング**という手法を用います．観測データが少ない場合，ある事象が一度も観測されないからといって，その事象が決して起らないかどうかわかりません．このような事象の確率を0としてしまうと，計算上問題となります．これを**ゼロ頻度問題**と呼びます．**ゼロ頻度問題**を解消するための手法として，しばしば利用されるのが，**加算スムージング**です．加算スムージングでは，一度も観測されていない事象 x でも，出現回数が a 回あったとみなします．つまり，観測された事象 x の出現回数 $T(x)$ を $T(x) + a$ に置き換え，ある事象の出現確率 $P(x)$ を，次式で計算します．

$$\begin{aligned} P(a) &= \frac{T(x) + a}{\sum_i (T(i) + a)} \\ &= \frac{T(x) + a}{\sum_i T(i) + na} \end{aligned} \tag{7.2}$$

$T(x)$ ： 事象 x の出現回数，n：事象の異なり数

例えば，クチコミ情報で考えた場合，好評と不評で，差が数十個以下の場合には，好評度を 0.5 付近（好評でも，不評でもないという値）に保ちたいといったことがしばしば起こります．この場合，(7.2) 式で，a を 10 とすれば，

好評数 1，不評数 0 のとき　(1 + 10)/(1 + 0 + 20) => 0.52
好評数 100，不評数 0 のとき (100 + 10) / (100 + 0 + 20)=> 0.92

となり，頻度が少ない場合は，0.5 付近（好評でも不評でもない）の値になり，好評の頻度だけがかなり大きい場合，1.0 付近の値になることが分かります．すなわち，(7.2) 式を用いることで，低頻度の問題に対処しつつ二つの数値（好評数，不評数）を一つの指標で表すことができるようになります．

■主観表現等の重要度の計算方法

もう一つよく使われる集計値として，主に主観表現を対象とした重要度があります．主観表現の重要度を単純にレコードの出現頻度とすると，一般的に使われる用語（例：良い）に対して高い値を与えてしまいます．この問題に対処するための方法として，**tf-idf 法** [64] とカイ二乗検定による手法を紹介します．

tf-idf 法は，情報検索の分野で，文書をランキングする際のスコア付けに広く利用されている手法で，文書 j における重要な単語 i は，当該文書 j で多数出現し，かつ，文書集合の中で，その単語を含む文書の個数が少ないものであると考えます．この手法では，単語の出現頻度に加えて単語の特異性（特定の文脈だけに出現する）を加味することができます．この考え方を主観情報のスコア付けに利用します．まず，文書を対象物，単語を主観情報に置き換えて扱います．すなわち，次の式によって，対象物 j における主観情報 i の重要度 tfidf(i, j) を計算します．

$$\mathrm{tfidf}(i, j) = tf_{ij} \times idf_i \tag{7.3}$$
$$idf_i = \log_2 \frac{N}{n_i}$$

tf_{ij} ：対象物 j と主観情報 i の共起頻度

N ：対象物の異なり数

n_i ：全対象物集合の中で主観情報 i が出現する対象物数

tf-idf 法を用いることで，特定の対象物とだけ数多く共起する特徴的な主観情報を見つけることができます．

表 7.2 出現回数のクロス集計表

	P	$\bar{P}$	計
S	8	15	23
$\bar{S}$	1	30	31
計	9	45	54

表 7.3 出現回数の理論値

	P	$\bar{P}$	計
S	3.83	19.17	23
$\bar{S}$	5.17	25.83	31
計	9	45	54

カイ二乗検定は，二つの事象の独立性を検証します．まず，二つの事象が独立であるという仮説（帰無仮説）を置き，この仮説が棄却できるかどうかを検証します．もし，棄却できるのであれば，二つの事象は関連していると考えます．

この考え方を対象物と主観情報の関連性の判定に利用する場合，対象物 s が出現するという事象 S，主観情報 p が出現するという事象 P，という二つの事象を考え，これら二つの独立性を検証します．

例として，表 7.2 のクロス集計表を考えます．ここで，$\bar{S}$，$\bar{P}$ は，それぞれ s，p が出現しないという事象を表します．また，交点となるセルの値 $c(X,Y)$ は，事象 X と Y が共起するクチコミ情報レコード数を表します．例えば，$c(S,\bar{P})$ は，対象物 s が出現し，主観情報 p が出現しないクチコミ情報レコード数です．

S と P の出現が独立の場合のセルの値の理論値 o_{XY} は，

$$o_{XY} = \frac{c(X) \times c(Y)}{N} \tag{7.4}$$

で与えられます．ここで，$c(X)$ は，事象 X が起こるクチコミ情報レコード数を表します．各セルの理論値を計算すると，表 7.3 となります．次に，次式で，理論値と実際の事象の出現回数の差の 2 乗を理論値で割った値 $d(X,Y)$ を計算します（表 7.4）．

表 **7.4** 理論値との差分

	P	$\bar{P}$	計
S	4.53	0.91	5.43
$\bar{S}$	3.36	0.67	4.03
計	7.89	1.58	9.47

$$d(X,Y) = \frac{(c(X,Y) - o_{XY})^2}{o_{XY}} \tag{7.5}$$

これらの値の和をとったものがカイ二乗値となります．すなわち，表 7.4 中の四つの値の和で計算され，9.47 となります．

　統計数値表から，自由度 1 の**有意水準** 5% のカイ二乗値を読み取ると 3.841 となっています．計算された値 (9.47) はこの値よりも大きいので，有意水準 5% において，s と p は，関連して出現しているとみなすことができます．また，カイ二乗値自体は，関連が強いほど大きな値となるので，この値の降順に並べることで，主観情報のランキングを行うことができます．

　tf-idf 法は，ある対象物 s を持つクチコミ情報レコード数が大きくなると，tf 値が大きくなり，それにつられて，スコアが高くなる傾向にあります．これに対して，カイ二乗値は，対象物や主観情報を含まないクチコミ情報レコード数も考慮した計算式なので，対象物 s の出現数に依存しない指標です．そのため，検定による固定スコアでの足切りを行う場合などに向いています．一方，tf-idf 法の計算に必要なのは，計算対象の主観情報を含むレコード数，対象物と主観情報を含むレコード数のみであり，これらを含まないレコード数を計測する必要がないので，計算が容易であるというメリットがあります．この他，しばしば利用される重要度の計算方法として**相互情報量**があります．この手法もカイ二乗検定と同様に，対象物や主観情報を含まないクチコミ情報レコード数を必要とします．

7.3　クチコミ情報テーブルの実現方法

　7.1 節で述べたようなクチコミ情報テーブルを論理的に生成してしまえば，7.2 節の処理を用いて，集約結果を取得することができるようになります．し

かしながら，自然言語で書かれた記事から，すべての項目を正しく抽出してクチコミ情報テーブルを作成することは非常に困難です．特に，対象物については，商品名など新語となるものが日々生まれてくるため，未知語となってしまい抽出するのが難しいという問題があります[91]．一方，事前に記事から対象物を抽出することは難しくても，分析時に分析者から対象物が与えられる場合も少なくありません．例えば，分析者が商品名を入力して，その商品名に関するクチコミ情報を集約したい場合などです．このような場合，分析者から与えられた商品名を記事の中から探すことは難しくはないので，与えられた商品名を利用すれば，クチコミ対象の抽出漏れの問題を軽減することが可能です．

　本節では，まず，ユーザーの入力した対象物を用いてクチコミ情報テーブルの各レコード（クチコミ情報レコード）を動的に生成する手法について説明します．次に，この機能を実現するために必要となる，情報格納用の **DBMS** (**DataBase Management System**) に求められる要件を説明します．この要件を満たす DBMS として，全文検索機能を持つ **RDBMS** (**Relational DataBase Management System**) を用いた実現方法について説明します．

7.3.1　クチコミ情報レコードの動的生成

　前述したように，対象記事の事前の解析時には抽出できない対象物が，分析者による分析の実行時に与えられる場合は少なくありません．ここで，対象物が分析者によって与えられる場合，素直な実装方法は次のとおりです．

(1) 分析者が入力した対象物（例：商品 A）で全文検索を行い対象記事を選定する．
(2) 対象記事から主観情報などを抽出する．
(3) 主観情報と対象物を結びつける処理を実行する．

しかしながら，「分析者から任意のキーワードが対象物として入力されると，ネット上にある大量の情報の中から，その対象物に関するクチコミ分析結果を瞬時に提示する」といった**即時処理**が必要な場合もあります．このような即時処理を実現するうえで (2) の処理は，係受け解析や主観表現用の辞書やルールとの照合に，時間がかかりすぎてしまいボトルネックとなります．しかし，(2) の処理は対象物とほぼ独立した処理であるため，ある程度，事前に実施することができます．例えば，第 5 章で述べた，主観表現，属性の抽

[91] 属性表現や主観表現についても，同様に抽出漏れの問題は起こりますが，これらで利用される単語はある程度決まっているため，事前に辞書を用意しておくことで，抽出漏れの影響を軽減することができます．

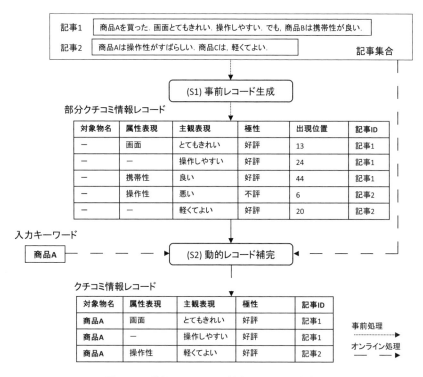

図 7.4 動的なクチコミ情報レコード生成

出は，対象物とは独立した処理であるため事前処理が可能です[92]．そこで，図 7.4 のような処理を実行します．この処理は，集約対象の記事集合が与えられたときに実行する**事前レコード生成**とユーザーからのキーワードが与えられてから行う**動的レコード補完**からなります．各処理の詳細は次のとおりです．

[92] 厳密には，対象物に応じて取りうる属性や主観表現が決まる場合や，対象物に応じて同じ表現でも極性が異なる場合もあり，依存性があります．

(S1) 事前レコード生成

(1) 対象となる全記事に対して，主観情報とそれらの出現する位置情報を抽出する．

(2) (1) で抽出した情報を，抽出元記事と紐づけてデータベースに格納する．

ここでは，(1)(2) によって，生成されるレコードを**部分クチコミ情報レコード**と呼びます．

(S2) 動的レコード補完

(1) 分析者が対象物を入力すると，対象物を含む記事を検索する．

(2) 検索された記事内での，対象物の出現位置を計算する．

(3) 検索された記事に紐づけられて保存されている各部分クチコミ情報レコードの出現位置と，(2) で計算された対象物の出現位置などを用いて，対象物と部分クチコミ情報レコードの結びつきの強さを表すスコアを計算する．

(4) スコア上位のものについて，対象物と部分クチコミ情報レコードを結びつけ，クチコミ情報レコードとする．

この方法を利用することで，入力された対象物を，集計時に利用することができるようになり，新語といった辞書への登録が困難な対象物に対しても集約機能を実行することができるようになります．

7.3.2 RDBMS を用いた実装方法

前述した動的なクチコミ情報レコード生成を実装することを考えます．部分クチコミ情報レコードには対象物が含まれていないので，ユーザーから対象物が指定された際には，まず，部分クチコミ情報レコードが出現した記事を特定し，記事内の各部分クチコミ情報レコードと入力された対象物の対応付けを行う必要があります．そのため，クチコミ情報レコードを単位としながら，記事に対しても検索を行うことができる必要があります．また，大量のクチコミ情報を扱うことを考えると，記事を何らかの方法でランキングし，ランキング上位の記事に含まれるクチコミ情報レコードのみを使用するといった従来の RDBMS と全文検索を統合したような処理が必要となります．以上をまとめると，クチコミ情報を格納するための DBMS は，次の要件を満たす必要があります．

- クチコミ情報レコードを単位とした検索を行うことができる．
- 記事に対する全文検索機能を持っている．特に，クチコミ情報レコードを単位としながら，記事への検索も併せて行うことができる．例えば，「属性表現が X で，かつ，そのレコードが出現した記事に商品 A が出現するクチコミ情報レコードを検索する」など．
- 出力結果をランキングすることができる．
- これらの処理を高速に行うことができる．

従来の RDBMS では，上記の要件をすべて満たすことができませんでしたが，近年，全文検索のインデクスを利用できる RDBMS が増えてきています．

例えば，MySQL のバージョン 5.7 以降では，検索対象の文字列を形態素解析しておき，入力されたキーワードに対して，高速にレコードを検索する全文検索機能を標準で備えています．さらに，出力結果に tf-idf 法に基づくスコア付けをすることもできます．

ただし，前述した動的クチコミ情報レコード生成用の元データを取得できたとしても，動的レコード補完処理は，RDBMS では実装されていません．そのため，次の方法によって，論理的なクチコミ情報テーブルを生成することとします．

1. 全文検索機能を持つ RDBMS を利用し，クチコミ情報レコードを格納する．
2. RDBMS の全文検索機能を用いて，レコード選択機能の一部（動的レコード補完用の元データ取得）を行う．
3. 取得したレコードに対して，動的レコード補完処理を行い，論理的なクチコミ情報テーブルを生成する．

7.3.3 クチコミ情報レコードの格納方法

ここまで，集約機能を極力シンプルな形式とするために，図 7.2 のような一つの大きなテーブルに情報を収める方法を考えてきました．この大きなテーブルを**仮想テーブル**と呼ぶことにします．一方，RDB に格納されるテーブルを**実テーブル**と呼ぶことにします．

実テーブルに関しても，仮想テーブルと同じように一つの大きなテーブルに情報を収めて格納しておくことが一案としてあります．しかし，この方法だと，各クチコミ情報レコードに対して，本文等をすべて展開することになるため，冗長な値を多数持つことになり格納効率が悪いという問題があります．そこで，実テーブルとしては，7.1.3 項で述べたテーブル結合前の種別ごとの情報について，個々にテーブルを作成し，テーブル間の関係が分かるように，**外部キー**となる id を定めます．そして，これらの実テーブルからクチコミ情報レコードを取得する際に，仮想テーブルを生成することとします．

具体的なテーブル構成は，図 7.5 のとおりです．各テーブルは，次のものを表します．

センチメントテーブル 各主観表現に対して一つのレコードを持つテーブル
記事テーブル 各記事に対して一つのレコードを持つテーブル

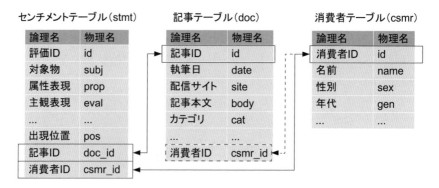

図 7.5　テーブル構成

消費者テーブル　各消費者に対して一つのレコードを持つテーブル

ここで，センチメントテーブルには記事IDがあり，この値は，記事テーブルの記事IDと対応付けられています．すなわち，各センチメントレコードがどの記事に出現したのか対応付けられています．このようにデータを格納しておくと，例えば，「属性表現が『画面』で，主観表現が『きれい』であり，対象物の商品Aが，抽出元の記事本文に含まれるクチコミ情報レコードを検索する」といったことができます．ここで，属性表現や主観表現は，センチメントテーブルに格納されていて，記事本文は記事テーブルに格納されていて，問合せ時に結合 (join) されることを想定しています．

また，7.1.3項で述べたように，消費者テーブルの情報は，センチメントテーブルに展開することができます．したがって，センチメントテーブルに，消費者IDを付与することで，記事テーブルと同様に，直接対応付けることができます．別の方法として，図7.5の破線で示したように，記事テーブルに，消費者IDを付与することも考えられます．しかしながら，これだとセンチメントレコードと消費者レコードを対応付けるのに，記事テーブルをわざわざ介した2段階の対応付けが必要となります．そこで，ここでは，性能面と問合せの複雑さの軽減を考慮し，センチメントテーブルには，その他のすべてのテーブルと対応付けるためのID情報を含むことにします．上記では，記事テーブルと消費者テーブルを記載しましたが，その他の情報についても同じ考え方で対応付けることができるので，ここでは説明を割愛します．また，消費者テーブルは，記事テーブルと同じ処理になるので，以下の説明では割愛します．

テーブルを分割することによるメリットは,

- 重複データを取り除くことができる.
- データをアップデートする際に, そのテーブルの情報のみをアップデートすればよい.

といったことになります. 逆にデメリットは, レコードの取得時に, 結合 (join) が行われることになるので,

- 問合せ式がやや複雑になる.
- 大量のレコードを対象とする場合, 速度面で問題となる.

といったことになります. 本書ではテーブルを分割する方法を述べますが, 必要に応じて速度要件等に基づきテーブル構成を決定してください.

7.4 集約機能の実現方法

集約機能を実現するときに, 個別の集約タスクに対して, 別々に専用の集約プログラムを作成すると, 非常にコストがかかってしまいます. そのため, 7.3 節で述べたクチコミ情報テーブルに対して, 問合せ言語によって, 実施したい集約処理を柔軟に記述できると便利です. 情報が一つのテーブル (リレーション) で表現されているため, リレーショナルデータベースをご存じの方ならば, SQL が利用できるのではと思われるかもしれません. しかしながら, 詳しくは述べませんが, 7.2 節で述べた選択やグループ化時の表記揺れへの対応, 階層的なグループ生成, 柔軟な集計処理を SQL で実現することは困難です. そこで, ここでは, 集約に必要な処理を柔軟に記述できる独自の簡易問合せ言語の設計と, RDB に格納されたクチコミ情報レコードを対象に集約を行う実装方法について述べます.

7.4.1 簡易問合せ言語の仕様

簡易問合せ言語の文法を **BNF 形式 (Backus-Naur Form)** で示します (図 7.6). 簡易問合せ言語は, **選択条件**と**グループ化条件**で構成されます. さらに, グループ化条件は, グループ化をどのように行うのかを記述する**グループ化関数**に加えて, 各グループに対してどのような集計を行うのかを記述す

```
<問合せ>                  ::= "SC=\"" <選択条件> "\""
                             "AC=\"" \/<集計条件> "\""
<選択条件>                ::= <選択条件ユニット>
                          | <選択条件ユニット> " and " <選択条件>
<選択条件ユニット>        ::= "(" <フィールド名> <選択演算子> <値集合> ")"
<フィールド名>            ::= <文字列>
<選択演算子>              ::= " = " | " like "
<値集合>                  ::= <値> | <値> " or " <値集合>
<値>                      ::= "'" <文字列> "'"
<グループ化条件>          ::= <グループ化条件ユニット>
                          | <グループ化条件ユニット> "/" <グループ化条件>
<グループ化条件ユニット>  ::= <グループ化関数>
                          | <グループ化関数> ":" <集計条件>
<グループ化関数>          ::= <関数名> "(" <関数引数集合> ")"
<集計条件>                <集計関数>
                          | <集計関数> ":" <集計条件>
<集計関数>                ::= <関数名> "(" <関数引数集合> ")"
<関数名>                  ::= <文字列>
<関数引数集合>            ::= <関数引数> | <関数引数> "," <関数引数集合>
<関数引数>                ::= <文字列>
```

図 7.6　簡易問合せ言語の定義

る**集計関数**で構成されています.

■**選択条件**

　選択条件では,“SC=”に続けて,「フィールド名」「選択演算子」「値」の形式で条件を一つまたは複数指定します.条件を複数指定する場合には,絞り込みとして利用できるように,and で結合します.ここで,選択演算子としては,完全一致 (“=”) と部分一致 (“like”) が指定できます[93].また,各値については,or が記述できます.そのため辞書等を用意できる範囲であれば,選択を行う際の表記揺れにも対応できます.選択条件の例を次に示します.

```
SC="(subj_name='商品 A' or '商品 A1' or '商品 A2')
    and(stmt_ori='好評')"
```

この例では,「対象物名 (subj_name)」が「商品 A」か「商品 A1」か「商品 A2」であり,かつ,「極性 (stmt_ori)」が「好評」であるクチコミ情報レコードを選択します.

---

93) 7.2.1 項で述べたベクトル同士の距離に基づく選択を行いたい場合,新しい選択演算子を定義すれば文法的には対応できます.ただし,クチコミ情報レコードの格納に RDB を用いる場合,RDB にはこのような機能は通常ないので,距離計算の仕組みを別途準備する必要があります.

■グループ化条件

グループ化条件では，選択条件で取得されたクチコミ情報レコード集合を
どのようにグループ化するのかを指定します．特に，表記揺れを考慮できる
ようにグループ化関数を指定できます．ここで，グループ化関数は複数組み
合わせて指定できるようになっています．

具体的には，グループ化条件では，"AC="に続けて，どのような基準でグ
ループ化するのかをグループ化関数で指定し，内訳が必要な場合はグループ
化関数を "/" で区切って，その右に内訳用のグループ化関数を指定します．
これらの指定を繰り返し記述することによって，階層的なグループ構造を得
ることができます．

また，各グループ化関数と一緒に集計関数を指定することで，生成された
サブグループごとに集計値を計算・生成できます．グループ化条件の例を次
に示します．

AC="/v(stmt_ori):rate()/v(stmt_prop)"

v は，値の完全一致を表すグループ化関数を表します．この条件は，極性
(stmt_ori) が同じもの（好評，不評）でグループ化 (v(stmt_ori)) し，その
後，各グループに対して属性 (v(stmt_prop)) で，再度グループ化すること
を表します．ここで，1 階層目のグループ化条件には集計関数として rate()
が指定されています．rate() は，各グループに含まれるレコード数の相対頻
度を出力する集計関数です．

この集計条件による集計の様子を図 7.7 に示します．選択条件にマッチし
たすべてのクチコミ情報レコードがこの図の上部の四つであるとします．ま
ず極性に注目して三つと一つに分け，さらにそれぞれを属性表現に注目して
分けます．ここで，グループ化の結果は木構造になることに注意してくださ
い．結果として，好評，不評ごとの代表的な属性表現（画面等）ごとに，主
観表現（美しい等）が得られます．また，この例では，極性のグループ化を
行う際に，rate() が与えられているので，好評 (0.75)，不評 (0.25) という値
が得られます．

解析結果は階層的な構造を持つので，その出力の際に通常のテーブルは使
用できないため，XML や JSON などで**シリアライズ（直列化）**をする必要が
あります．上記の結果を **XML** でシリアライズしたものが，図 7.8 です．n
要素は，中間ノードを表し，r 要素は，クチコミ情報レコードを表します．中
間ノードのフィールド name は，グループ化関数，args はそのグループ化関

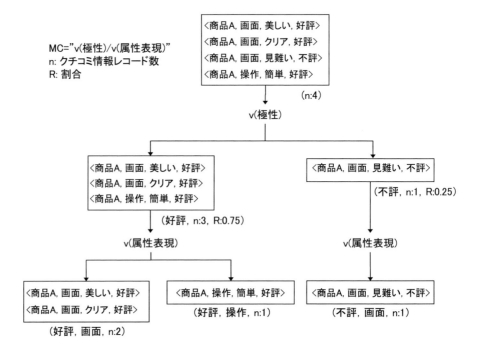

図 **7.7** 階層的な集計結果

数に渡された引数，key は，グループ化関数が生成したグループ化キー（7.4.3項で後述），num はそのノードの配下のレコード数（内訳）を表します．トップノードの name の "root" は，検索結果全体を表し，num は，ヒットしたレコードの総数に対応しています．

7.4.2　選択処理の実現方法

7.3 節で述べたように，クチコミ情報の仮想テーブルは，一つのテーブルで構成されていますので，簡易問合せ言語の選択条件は，この仮想テーブルに対してのものです．一方，実テーブルは，分割されて格納されているので，簡易問合せ言語の選択条件をテーブル構成が異なっている実テーブル用の検索式に変換する必要があります．ここで，センチメントテーブルと記事テーブルを別テーブルとした場合，次の処理が行えるように検索式を生成する必要があります．

1. センチメントレコードを単位として検索を行う．
2. センチメントレコード，記事レコードの双方にまたがった絞込みを行う．

```
<n name="root" num="4">
  <n name="v" args="stmt_ori" key="好評" num="3" rate="0.75">
    <n name="v" arg="stmt_prop" key="画面" num="2">
      <r subj_name="商品 A" stmt_prop="画面" stmt_eval="美しい" stmt_ori="好評"/>
      <r subj_name="商品 A" stmt_prop="画面" stmt_eval="クリア" stmt_ori="好評"/>
    </n>
    <n name="v" args="stmt_prop" key="操作"num="1">
      <r subj_name="商品 A" stmt_prop="操作" stmt_eval="簡単" stmt_ori="好評"/>
    </n>
  </n>
  <n name="v" arg="stmt_ori" key="不評" num="1" rate="0.25"/>
    <n name="v" args="stmt_prop" key="画面"num="1"/>
      <r subj_name="商品 A" stmt_prop="画面" stmt_eval="見難い" stmt_ori="不評"/>
    </n>
  </n>
</n>
```

図 **7.8** 集計結果のデータ構造

3. 対象物名が選択条件に指定された場合は，動的なクチコミ情報レコード
   生成に必要な部分クチコミ情報レコードを取得する．

　これらの処理に留意しながら，簡易問合せ言語の選択条件を実テーブル用の
検索式に変換するアルゴリズムは図 7.9 のとおりです．このアルゴリズムで
は選択条件が，センチメントテーブルのフィールド名，記事テーブルのフィー
ルド名，または，対象物名であるかで処理を分け，それぞれ，センチメント
レコードに含まれる ID を用いて結合処理をしています．次の選択条件を例
に動作を説明します．

SC="(subj_name='商品 A') and (stmt_ori='好評')
　　and (doc_date='20181216')"

(i) 先頭の<選択条件ユニット>のフィールド (subj_name) は，対象物名なの
　　で，(2-3) を行い

(stmt.subj="商品 A"
　or (doc.body LIKE "%商品 A%" and stmt.doc_id=doc.id))

という部分検索式を生成します．ここで，センチメントレコードと記事
レコードを対応付けているのは，stmt.doc_id=doc.id の部分です．ま

126   7　クチコミを集約する

---

(1) 空の検索式リストを用意する.
(2) 選択条件の各<選択条件ユニット>（<フィールド名>=<値集合>）について以下を行う.
　(2-1) <フィールド名> が，センチメントテーブルのフィールドの場合
　「<フィールド名>が<値集合>のいずれかを含むという条件を満たすセンチメントレコード」
　　を検索する部分検索式を生成
　(2-2) <フィールド名> が，記事テーブルのフィールドの場合
　「<フィールド名>が<値集合>のいずれかを含むという条件を満たす記事レコード
　　に対応付けられているセンチメントレコード」
　　を検索する部分検索式を生成
　(2-3) <フィールド名> が，対象物名の場合
　「対象物名が<値集合>のいずれかを含むという条件を満たすセンチメントレコード または
　　本文に<値集合>のいずれかを含む記事レコードに対応付けられているセンチメントレコード」
　　を検索する部分検索式を生成
　(2-4) 部分検索式を検索式リストに追加する.
(3) 「検索式リストの全ての要素（部分検索式）を満たすセンチメントレコード」を検索する検索式を生成

図 **7.9**　検索式生成アルゴリズム

た，**LIKE** は部分一致を表しますが，実際には利用する DBMS に応じた全文検索の書式に置き換えて利用してください.

(ii) 二つ目の<選択条件ユニット>のフィールド (`stmt_ori`) は，センチメントテーブルのフィールドなので，(2-1) を行い

(`stmt.ori="好評"`)

という部分検索式を生成します.

(iii) 三つ目の<選択条件ユニット>のフィールド (`doc_date`) は，記事テーブルのフィールドなので，(2-2) を行い

(`doc.date="20181216" and stmt.doc_id=doc.id`)

という部分検索式を生成します.

　これらをまとめた全体の検索式を SQL の書式で記述すると図 7.10 のようになります.

　この処理によって生成した検索式で（部分）クチコミ情報レコードを取得します. 次に，対象物名が選択条件に指定されている場合は，7.3.1 項の動的なクチコミ情報レコード生成を行って対象物名と取得した部分クチコミ情報レコード情報を対応付けることで，クチコミ情報レコードを生成します.

```
SELECT * FROM stmt, doc, csmr
where ((stmt.subj="商品 A" or  (doc.body LIKE "%商品 A%" and stmt.doc_id=doc.id))
   and  (stmt.ori="好評")
   and (doc.date="20181216" and stmt.doc_id=doc.id)
)
```

図 7.10 生成された SQL 検索式

7.4.3 グループ化・集計処理の実現方法

グループ化処理は，選択条件にマッチしたクチコミ情報レコード集合に対して，グループ化関数を順次適用することで動作します．集計を行う makeTree 関数のアルゴリズム（図 7.11）を示します．makeTree 関数は，親ノード，グループ化条件ユニットのリスト，クチコミ情報レコード集合が与えられると，与えられたグループ化条件ユニットがなくなるまで，再帰的に自身を呼び出すことで，階層的なグループを親ノードの配下に作成します．初めに呼び出されるときには，root となる親ノードと，分析者から指定されたグループ化条件に対応するグループ化条件ユニットのリスト，選択条件にヒットしたすべてのクチコミ情報レコードが引数として渡され，グループ化結果の木構造を root となる親ノードの配下に作成します．

ここで，図中の (2) では，完全一致，日時集計，クラスタリングなどの頻繁に利用するグループ化関数をあらかじめ作成し，集計条件に指定されるグループ化関数名と対応付けておいたものを利用します．また，グループ化関数をあらかじめ網羅的に用意することは難しく，用途に応じて新しく追加したいという場合もあります．例えば，数値に対して，ある閾値以上であるかないかや，各文節を主辞によって分類したい場合などです．このため，システム提供者が独自のグループ化関数を定義できるようにしておきます．

(3-1-1) の処理の集計関数として，max, min, average といった数値を対象とするものや，頻度最大の属性を出力するといった文字列ラベルを生成するもの，rate といったレコード数を扱うものなどが有用です．また，グループ化関数と同様に，後から追加したいという場合もあります．そのため，集計関数についても，後から柔軟に独自のものを定義できるようにしておきます．

ここで，このアルゴリズムは**深さ優先探索**を利用しています．まず，クチコミ情報レコード全体をグループ化した後，ある一つのグループについて，そのグループを再度グループ化します．次にまた，その中の一つを選び，グルー

makeTree（親ノード，グループ化条件ユニットリスト，クチコミ情報レコード集合）
(1) 「グループ化条件ユニットリスト」から先頭要素を取り出し，「グループ化ユニット」とする．残りを「残グループ化条件ユニットリスト」とする． (2) 「グループ化条件ユニット」の「グループ化関数」を用いて，「クチコミ情報レコード集合」を「サブグループ」集合にグループ化する． (3) 各「サブグループ」について次の処理を実行する． 　(3-1) 「グループ化条件ユニット」の「集計関数」分，次の処理を実行する． 　　(3-1-1) 「集計関数」に，対象の「サブグループ」および，「サブグループ集合」を渡して集計値を生成する． 　(3-2) 集計値（集合）と，「サブグループ」に含まれるレコード数をセットした，「ノード」を生成する． 　(3-3) 「ノード」を「親ノード」の子ノードに設定する． 　(3-4) 「残グループ化条件ユニットリスト」が空でない場合 　　(3-4-1) 「ノード」，「残グループ化条件ユニットリスト」，「サブグループ」に含まれるクチコミ情報レコード集合を引数として，再帰的に，makeTree を呼び出す． 　(3-5) 「残グループ化条件ユニットリスト」が空の場合 　　(3-5-1) 「ノード」に「サブグループ」に含まれるクチコミ情報レコード集合を追加する．

図 **7.11**　グループ化・集計を行う関数のアルゴリズム

プ化を繰り返します．グループ化ができなくなると一つ戻って，別のグループについてグループ化を行っていきます．この方法では，比較的少ないメモリ量で探索を行うことができます[61]．また，集計値を生成する際に，このアルゴリズムでは，与えられたクチコミ情報レコードを，複数のサブグループにグループ化するタイミングで，7.2.3 項で述べた同一階層の (ii) 別グループ集合レベルの情報までが利用できます．しかしながら，これらを越えた (iii) その他の情報を利用しようとしても，必要なグループが未作成のものが出てきてしまいます．そのため，このレベルの情報を利用するカイ二乗検定等は利用できません．これを解決するためには，木全体を一旦作成した後に，再度，上記のアルゴリズムと似た**再帰呼出し**によって**木の走査**を行い，(3-1-1) の処理だけを実行します．このようにアルゴリズムを改良すると，実装がやや複雑になりますが，木全体の情報を利用する集計機能を組み込むことも可能です．

　図 7.7 で説明した，次の集計条件を例にアルゴリズムの動作を説明します．

/v(stmt_ori):rate()/v(stmt_prop)

1. 全体を表す root ノードを作成し，選択条件で選択されたすべてのレコードを引数として，makeTree 関数を呼び出します.
2. (1) では，`v(stmt_ori):rate()` が，「グループ化条件ユニット」として取り出されます.
3. (2) では，`v(stmt_ori)` によって，クチコミ情報レコードが極性によって分類されます.
4. (3) では，好評，不評の各サブグループについて次の処理が行われます.
5. (3-1-1) では，rate() によって，相対頻度が計算されます.
6. (3-2)(3-3) では，サブグループに含まれるレコード数，相対頻度をセットしたノードが作成され，root ノードの子ノードに設定されます.
7. (3-4-1) では，生成したノード，`v(stmt_prop)`，サブグループのレコード集合によって，再帰的に makeTree 関数を呼び出します.
8. makeTree 関数の中では，次の処理を行います.
   (a) `v(stmt_prop)` でさらにサブグループ化を行い，ノードを生成します.
   (b) 残グループ化条件ユニットリストは空となるので，再帰呼出しは行われず，(3-5-1) でサブグループのクチコミ情報レコードをノード配下に設定します.

　最後に関数を抜けると，木構造が生成されます．これを XML でシリアライズすると 7.4.1 項に示した図 7.8 となります．このように図 7.11 のアルゴリズムによって，階層的な集計値を持つ木構造のデータ構造を生成できます.

7.5　実現例

　簡易問合せ言語で，選択条件とグループ化条件を指定することで，各種集計結果が得られることを述べました．ここでは，例を見ながら，実際に簡易問合せ言語によって 7.2 節で述べた機能がどのように実現されるのかを説明します.

　簡易問合せ言語による問合せの例を次に示します.

```
SC="(subj_name='商品 A' or '商品 B' or '商品 C')"
AC="/cluster(stmt_prop,stmt_eval):max_freq(stmt_prop)/v(subj_name)
    /v(stmt_prop)/v(stmt_eval)"
```

　まず，この例では，選択条件に基づき，対象物名 (`subj_name`) が商品 A か商

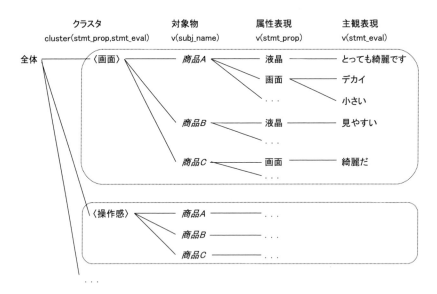

図 7.12　クラスタリングを用いた集計

品 B か商品 C のいずれかのクチコミ情報レコードを選択します．次にグループ化条件に基づきグループ化を行います．ここで，cluster は，クラスタリングを行うグループ化関数です．引数として指定された属性表現 (stmt_prop) と主観表現 (stmt_eval) によって表す内容が似ているグループになるように，クチコミ情報レコードをクラスタリングします．例えば，「画面-デカイ」や「液晶-綺麗です」といった「画面」に関するグループや，「操作感-悪い」や「使いやすい」といった「操作感」に関するグループを生成します．

　つまり，このグループ化条件では，「属性表現や主観表現が似ているものでクチコミ情報レコードをクラスタリングによってグループ化し，各クラスタを，対象物名 (subj_name)，属性表現 (stmt_prop)，主観表現 (stmt_eval) で細分化した集計結果」を出力します．また，クラスタの特徴を表すラベルは，集計関数の max_freq(stmt_prop) によって，頻度が最大の属性表現を出力します．この処理によって，液晶や画面といった似た概念を同じグループとして扱うことができます（図 7.12）．この集約結果を用いることで，観点をそろえた比較結果の可視化を行うことができます．可視化の詳しい説明は，8.4.1 項に示します．

　別の例として，時系列のグラフを作成するなど，日付でグループ化する関数 date を説明します．

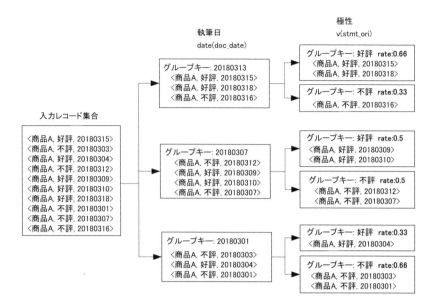

図 **7.13** 日付情報の集計結果

```
AC="/date(doc_date,6)/v(stmt_ori):rate()"
```

date(doc_date,6) では，記事の執筆日 (doc_date) を用いて，6日ごとにクチコミ情報レコードのグループ化を行います（図 7.13）．具体的には，次の式で，グループ化のためのキーを生成します．

$$\lfloor (\text{doc\_date} - \text{doc\_date}_{min})/\text{num} \rfloor \times \text{num} + \text{doc\_date}_{min} \tag{7.6}$$

ここで，doc_date_{min} は，集計対象のクチコミ情報レコードの執筆日の最小値，num は，引数で与えられた日付区間，$\lfloor \ \rfloor$ は，切捨てを表します．また，この集計条件では，各グループについて，極性でサブグループに分けています．このとき，rate() では，2階層目の全レコードの相対頻度を集計値として計算しています．つまり，時系列の極性の割合の推移を集計結果として取得することができます．

このデータを用いることで，折れ線グラフ（集計値として num を利用）や帯グラフ（集計値として rate を利用）を生成できます．この集約結果の可視化の詳しい説明は，8.3.2 項で行います．

7.6 まとめ

　本章では，クチコミ情報を集約するための枠組みとして，複数の記事に含まれるすべてのクチコミに関する情報を一つの大きなテーブルで表現し，そのテーブルに対して「選択処理」「グループ化処理」「集計処理」という三つの処理を行う方法について述べました．各処理の課題として，a) 表記揺れへの対応，b) 階層的なグループ化，c) 対象となるグループ以外の情報も用いた集計を考慮する必要があることについて説明しました．

　次に，クチコミ情報テーブルを生成する際の課題として，対象物（商品名等）の事前抽出の困難さを挙げました．この解決方法として，ユーザーから入力された対象物の表記情報を利用する動的なクチコミ情報レコード生成を紹介しました．また，この機能を実際に実現する方法として，全文検索を有するRDBMSを用いた実現例を述べ，さらに，簡易な問合せ言語による集計機能の実現方法について述べました．この問合せ言語では，ユーザーはクチコミ情報レコードという形式的な表現だけを意識して問合せを実施できること，グループ化関数や集計関数を用いて柔軟に，様々なグループ化や集計アルゴリズムを取り込むことができることを述べました．

　抽出される情報が不完全であったり，表記揺れがあったりするのは，自然言語（特にユーザーからの書き込みのような統制されていない言葉）で記述された情報を扱う上で避けて通れないものです．ここでは，クチコミ情報に特化した例で説明を行いましたが，その他の自然言語を扱うシステムにも同種の課題があるので，ここで述べた考え方が役に立つ機会も多いと思います．他のタスクへのこれらの考え方の適用例に興味がある方は，文献 [65] などをご参照ください．

第8章

クチコミを可視化する

　分析を効果的に行うためには，クチコミ情報を集約した結果を**可視化**することが有効です．ここで，「可視化とは，人間が直接『見る』ことのできない現象・事象・関係性を，「見る」ことのできるもの（画像・グラフ・図・表など）にすること」とWikipediaでは定義されています[94]．同じカテゴリの値を同じ色にしたり，値の大小を図形の高さや面積，値の増減をグラフの傾き，事象間の関係を**木構造**や**ネットワーク構造**によって表すことで，人間はより直感的に情報の内容を把握できるようになります．クチコミ情報についてもグラフや散布図を用いたり，ノードとリンクを持つネットワークで表現することで，それらを集約した結果をより簡単に把握することができるようになります．

　可視化を行うためには，分析の目的を定め，その目的に沿った可視化手法を選択し，その可視化手法に必要となるデータ構造を生成する必要があります．本章では，まず，クチコミ情報を分析する主な目的について述べます．次に，各目的に対して，どのような可視化手法が適しているのかを説明します．また，2.3節で述べたgoo評判分析サービスの例を中心に，実際のサービスで利用されている具体的な可視化の例を示します．さらに，そのような可視化を行うのには，どのようなデータ構造を集約により生成しなければならないのか，そういったデータ構造を作成するのに，7.4節で紹介した簡易集約言語がどのように利用できるのか，について述べます．また，実際に可視化を行う機能を実装する方針と，利用可能なツールについて説明します．

[94] https://ja.wikipedia.org/wiki/%E5%8F%AF%E8%A6%96%E5%8C%96（2019.4 現在）

8.1 分析の目的と可視化手法

分析の種別とそれに適した可視化手法は，大きく次の3種類にまとめられます．

(a) 特定の対象物の定量分析

ある特定の対象物に対するクチコミ数や好評と不評の割合など，ある「観点」について集計された「指標値」を可視化し，定量的な分析に役立てる．

(b) 特定の対象物の定性分析

ある特定の対象物に対する典型的な主観情報（属性，主観表現）を提示し，定性的な分析に役立てる．

(c) 対象物集合の概観把握

ある条件を満たすような対象物集合とそれらの間の関係性を可視化し，全体を俯瞰したり，所望の対象物を見つけやすくする．

それぞれの分析種別ごとの分析の目的は例えば次のようなものです．

(a) 特定の対象物の定量分析は，

- 自社や競合他社の商品が，どの程度，話題になっているのか？
- どの程度，好評，もしくは，不評のクチコミがあるのか？

といったものです．いくつかの観点（画面，操作性といった属性や，好評，不評といった極性）に沿って，クチコミ情報を集約し，クチコミ数などの**指標値**の可視化を行います．

(b) 特定の対象物の定性分析は，

- 自社や他社の商品が，どのように話題になっているのか？
- ネガティブに書かれるのはどういった点か？

といったものです．定量分析によってある程度傾向をつかんだ後に，このような定性的な分析が役に立ちます．定性的な分析をするためには，消費者が実際に記述した属性や主観表現を直接分析者に提示することが有効です．ただし，これらの主観情報のすべてに目を通すことは難しいので，大量の情報の中から特徴的なものを選び出すといった処理が重要となります．

(c) 対象物集合の概観把握は，

- どのような商品が市場にあるのか？

表 8.1 第 8 章で紹介する可視化手法の一覧

分析の目的	図番号	可視化手法	用途
定量分析	図 8.3	属性クラスごとの好評度表示	ある対象物のどの属性が好評かを分析
	図 8.5	時系列クチコミ推移グラフ	ある対象物の好不評の時間変化を分析
	図 8.7	時系列話題度比較グラフ	複数の対象物のクチコミ量の時間変化を比較
	図 8.9	レーダーチャート	複数の対象物の属性ごとの好評度を比較
定性分析	図 8.11	時系列クチコミタグクラウド表示	ある対象物に対する実際のクチコミの時間変化を把握
	図 8.13	表記揺れを考慮した比較表示	複数の対象物に対する実際のクチコミを比較
	図 8.15	属性と主観表現の表示	ある対象物の属性と実際のクチコミの関係の強さを把握
	図 8.16	属性と主観表現のツリー表示	ある対象物の各属性に対する実際のクチコミを把握
	図 8.18	対象物と主観情報のネットワーク表示	対象物と実際のクチコミやクチコミ間の関係を把握
概観把握	図 8.20	対象物のクラス分類表示	あるキーワードに関連する対象物集合を対象物のクラスごとに把握
	図 8.22	関連語マップ表示	あるキーワードに関連する対象物集合を好評度と話題度で概観
	図 8.24	対象物のネットワーク表示	あるキーワードに関連する対象物間の関係を概観

● どのような商品が話題になっているのか？

といったものです．このような市場全体を見渡すことが必要な場面では，あらかじめ特定の対象物を想定することができず，あるテーマに沿った対象物を集めて，指標値の順に並べたり，それらの関係性を可視化する必要があります．

　自分が行いたい分析が，まず，どの目的に当たるのかを把握することが，分かりやすい可視化を行うための第一歩です．以下の節では，それぞれの目的に即したクチコミ情報の可視化手法の紹介と，それらをどのように使い分け

ていけばよいのかを述べます．本章で紹介する可視化手法の一覧とその用途を表 8.1 に示します．

8.2　可視化プロセスと対象レコード形式

　各分析の目的に即した可視化手法の説明に入る前準備として，基本的な可視化プロセスと，本章で共通して利用する可視化対象のクチコミ情報レコード形式を説明します．

　可視化で利用される基本概念に，**ディメンションとメジャー**というものがあります．ディメンションは，どういった単位で可視化を行うのかという切り口を表します．一方，メジャーは，各単位に対応する指標値を表します．例えば，対象物別，日付別，極性別のクチコミ数といったように，「〇〇別」の〇〇の部分がディメンションです．また，クチコミ数といったように数値化され，この数値の大小や増減が**視覚的な要素**（長さや面積等）に対応付けられるものがメジャーです．ただし，ある項目をディメンションとメジャーのどちらとして扱ったらよいのか紛らわしい場合があります．例えば，図 8.1 の A のように，ある対象物のクチコミ情報を可視化する際に，各属性の極性別のクチコミ数を考えた場合，「属性」「極性」がディメンションで，「クチコミ数」がメジャーです．しかしながら，極性ごとにクチコミ数を集計し，これを「好評数」「不評数」としたり，「好評度」という一つの指標値としたらどうなるでしょうか．この場合，図 8.1 の B のように，「属性」に対して，「好評数」「不評数」「好評度」はいずれも「メジャー」です．A の場合は，各属性の各極性ごとにクチコミ数を視覚的な要素に割り当てるのに対して，B の場合は，属性ごとに，好評数，不評数，好評度を視覚的要素に割り当てることとなります．このように可視化を行う際には，何を単位と考えているのか，視覚的な要素に対応付けられる指標値は何なのか，ということをじっくり考えることが大切です．

　これらの基本概念を用いて，クチコミ情報の可視化を行う基本プロセスを説明すると，次のようになります．

1. 分析の目的にあった可視化手法を選択する．
2. 選択された可視化手法に必要な，ディメンションとメジャーを確認する．
3. 第 7 章までの手法を用いて，クチコミ情報レコードを集約したデータ構

8.2 可視化プロセスと対象レコード形式　　137

ディメンション	極性	メジャー
属性	極性	クチコミ数
画面	好評	10
	不評	4
操作性	好評	7
	不評	1

A

属性	好評数	不評数	好評度
画面	10	4	0.58
操作性	7	1	0.61

B

図 8.1　ディメンションとメジャー

造を作成する.

4. データ構造の中のグループ分けの基準をディメンションに, 数値型の集
計値をメジャーに対応付ける.

例えば, ある対象物に関するクチコミ情報を集約し, 属性ごとの好評度を可
視化する場合,

ディメンション：　属性
メジャー：　好評度

となります. ここで, 各可視化の単位 (この場合は各属性) に対応して表示さ
れるラベルは, 通常, クチコミ情報レコードの中のディメンションとして指
定されたフィールドの値です. この例では, 属性をディメンションとしてい
るので, 属性の値 (例：画面, 操作性) が表示されるラベルです. しかしなが
ら, 例えば, 属性の表記揺れを考慮したクラスタリングの場合などでは, 同
じグループに属するレコードの属性の値は, 同じ文字列とは限りません. 例
えば, 画面, ディスプレイ, 液晶といった似た概念の異なる複数の文字列と
なります. そのため, これらの値をそのままクラスタのラベルとはできない
ので, 各グループに対して代表的な文字列を第 6 章で述べた方法で集計値と
して生成し, これをラベルとして用います.

　本章では, 上記のステップで, 可視化を説明します. また, 本章で説明に利
用するクチコミ情報レコードの形式は表 8.2 のとおりです. 各項目の詳しい
説明は, 7.1.3 項をご確認ください. ここで, 対象物クラスは, 通常, 各対象
物に対して, 辞書や固有表現抽出機能を用いて付与されます. ただし, 7.3.1
項で説明した動的に生成されるクチコミ情報レコードが利用される場合, 分

表 8.2 本章で想定するクチコミ情報レコード

属性	属性識別子	例
対象物名	subj_name	商品 A
対象物クラス	subj_cls	スマホ
属性表現	stmt_prop	液晶
属性クラス	stmt_propcls	画面
属性付属語	stmt_propptc	が
主観表現	stmt_eval	きれい
極性	stmt_ori	好評
執筆日	doc_date	20180306
記事本文	doc_body	商品 A を購入した. 画面がとってもきれい.

析者が入力した表記から対象物クラスを推定することは困難なため，必ずしも対象物クラスは付与されるわけではありません.

8.3 特定の対象物に関する定量分析

準備が整いましたので，まずは，定量分析について説明します．定量分析には，例えば，次のようなものがあります.

(1) ある商品に対して，好評数，不評数を表示する.
(2) ある商品に対して，1 日ごとの好評数，不評数の変化を表示する.
(3) ある商品に対して，属性ごとの好評数，不評数を表示する.

ここで，商品が複数になると上記の目的に加えて，例えば，操作性や画面といった観点をそろえて比較したいといったニーズもあります.

以上のような定量分析では，グラフが役に立ちます．ただし，多数のグラフの選択肢がある中で，効果的に可視化を行うためには，分析の目的を考えてそれにあった可視化手法（グラフ）を選択する必要があります．この際，下記に着目することで，適切なグラフを選択することができます.

1. 時間変化を把握したいのかどうか？
2. 対象物が一つか，複数の対象物を比較したいのかどうか？
3. 可視化したい指標値が一つか，複数か？
4. 可視化したい指標値は，**実数**か複数指標値の中での**割合**か？

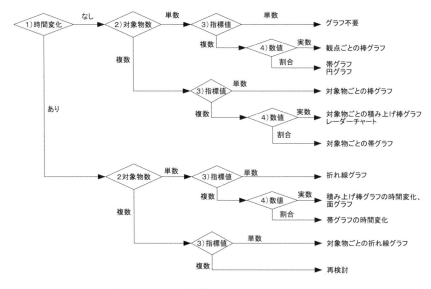

図 8.2 グラフ選択のためのフローチャート

ここで，複数指標値の中の割合とは，可視化の対象となる複数の指標値の合計を 1 としたときの割合です．例えば，男性のクチコミ数と女性のクチコミ数の相対頻度です．これらの質問に答えていくことで，グラフを選択するフローチャートを，図 8.2 に示します．

例えば，1) 時間変化がなく，2) 対象物が複数で，3) 指標値が複数のものを比較したい場合，4) 指標値が実数であれば，対象物ごとの**積み上げ棒グラフ**を作成するか，**レーダーチャート**を作成します．一方，指標値が割合の場合は，対象物ごとの**帯グラフ**を作成します．

ここで注意したいのは，「複数の対象物の複数の指標値について，時間変化を比較したい」といったように一つのグラフに情報を盛り込みすぎてしまうことです．同時に複数の比較を行おうとすると，かえってわかりづらくなってしまうため，例えば，時間を固定して，ある時間区間における複数の指標値を比較したり，属性のほうをどれかに決めて，ある一つの指標値の時間変化を確認すべきです．

最もよく使われる指標値は，レコード数です．グループ化されたグループごとのレコード数を用いますが，グループは入れ子となる場合があるので，木構造で表した時の配下レコード数が，そのグループに属しているレコード数となります．この数値を，そのまま可視化します．一方，好評数，不評数と

いった複数の指標値を使うよりもこれらを好評度（7.2.3項）にまとめるほうが，可視化がシンプルになることがあります．

　以下の節では，比較的よく利用される可視化手法の例を示します．まず，比較的簡単なものとして，時間変化がなく対象物が一つの場合の例として，「観点毎の棒グラフ」について8.3.1項で述べます．次に，時間変化があるものとして，複数指標値の比較に向いている「面グラフ」と複数の対象物の比較に利用される「折れ線グラフ」について8.3.2項に述べます．さらに，複数の対象物を複数の指標値で比較するものとして「レーダーチャート」の例を8.3.3項に示します．

8.3.1　対象物が単数で時間変化なしの例

　ある一つの対象物について，可視化したい指標値が複数ある場合を考えます．例えば，ある対象物に対する属性クラスごとの好評度を可視化したい場合です（図8.3）．ここで，好評度は実数なので，図8.2のフローチャートにおける「時間変化なし」「対象物が一つ」「指標値が複数（属性ごとの好評度）」「指標値が実数」という場合にあたり，**棒グラフ**形式が選択されます．各棒グラフの長さと図8.3中の★の数は，両方ともデータの大きさを表しているので，本質的には同じものです．

　このグラフにおける，ディメンションとメジャーは，次のとおりです．

ディメンション：　属性クラス
メジャー：　好評度

この対応付けに基づき，対象物クラスごとに，好評度を，★の数で可視化します．また，これらを作成するのに必要なデータ構造は，ある対象物に対して選択されたクチコミ情報レコードを，属性クラス (stmt_propcls) ごとにグループ分けし，その中を極性 (stmt_ori) ごとに集計した形式です（図8.4）．この図の配下レコード数は，その行が表す構造の配下のクチコミ情報レコード数を表します．例えば，属性クラス (stmt_propcls) が「画面」の行の10という数値は，「画面」というグループに分類されたクチコミ情報レコード数が10であることを表します．好評度は，好評と不評のレコード数から算出します．

　このデータ構造は，簡易集約言語では，次の指定によって取得できます．

```
SC="subj_name='商品 A'"
AC="/v(stmt_propcls)/v(stmt_ori)"
```

ストーリー	☆☆☆☆☆ 2.5		
出演者	–		
ビジュアル・音楽	☆☆☆☆☆ 4.0		
作品テーマ	☆☆☆☆☆ 3.8		

出典：goo 映画 ネットの評判

図 8.3 属性クラスごとの好評度表示【カラー図 0.2】

/	stmt_propcls	stmt_ori	配下レコード数
root			100
	画面		10
		好評	1
		不評	3
		その他	6
	操作性		16
		好評	2
		不評	4
		その他	10
	...		...

図 8.4 属性クラスごとの好評度表示のデータ構造

　好評と不評のレコード数から好評度を計算し，実数として扱います．一方，同じデータ構造を用いる場合でも，好評数と不評数の割合を可視化したい場合もあります．その場合は，好評数，不評数という二つの数値の割合となるため，帯グラフが適しています．また，指標値の種別が一つしかない場合（対象物全体としての好評数，不評数の割合）は，**円グラフ**を用いるのが適切でしょう．

8.3.2　時系列グラフの例

　時系列グラフでは，単位時間を決めて区間を区切り，各時間区間に含まれるクチコミ情報レコード数から指標値を算出し可視化します．時系列でのクチコミ情報の推移を可視化するグラフ（**時系列クチコミ推移グラフ**）の例を図 8.5 に示します．このグラフでは，時間区間ごとに，好評数，不評数，その他のクチコミ数の三つの指標値を可視化しているので，図 8.2 のフローチャートにおける「時間変化あり」「対象物が一つ」「指標値が複数（好評，不評，そ

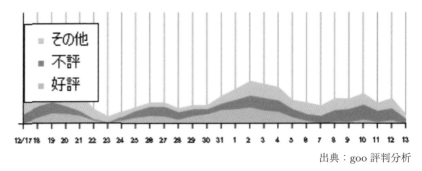

出典：goo 評判分析

図 8.5 時系列クチコミ推移グラフ【カラー図 0.3】

/	doc_date	stmt_ori	配下レコード数
root			100
	20181217		10
		好評	1
		不評	3
		その他	6
	20181218		16
		好評	2
		不評	4
		その他	10
	...		...

図 8.6 時系列クチコミ推移グラフのデータ構造

の他のクチコミ数)」「指標値が実数」という場合にあたり，**面グラフ形式**が選択されます．このグラフによって，全体のクチコミ数が分かるのと同時に，好評数，不評数の内訳の時間変化を知ることができます．

このグラフにおける，ディメンションとメジャーは，次のとおりです．

ディメンション： 時間区間

メジャー： 好評数，不評数，その他のクチコミ数

この対応付けに基づき，x 軸となる時間区間ごとに，メジャーの指標値を y 軸の値として可視化します．また，これらを作成するのに必要なデータ構造は，ある対象物に対して検索されたクチコミ情報レコードを，1 日ごと (doc_date) にグループ分けし，その中を極性 (stmt_ori) ごとに集計した形式です (図 8.6)．

このデータ構造は，簡易集約言語では，次の指定によって取得できます．

SC="subj_name='商品 A'"

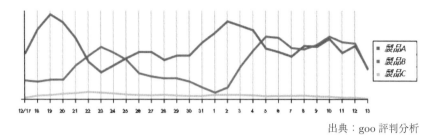

出典：goo 評判分析

図 8.7　時系列話題度比較グラフ【カラー図 0.4】

AC="/date(doc_date,1)/v(stmt_ori)"

　もう一つ似た例として，複数対象物のクチコミ数の時間比較のグラフ（**時系列話題度比較グラフ**）を図 8.7 に示します．この例は，1 日ごとに，各対象物に対するクチコミ情報を集計し，その頻度を出力します．図 8.2 のフローチャートの，「時間変化があり」「対象物が複数」「指標値が一つ」「指標値が実数」となり，**折れ線グラフ**が選択されます．ここで，時系列クチコミ推移グラフと同様に，好評数，不評数を一緒に可視化することも考えられますが，複数の対象物に対して，複数の指標値を時系列をつけて可視化することになるので，一つのグラフにするとかえって分かりにくくなってしまいます．そのため，ここでは，比較を行う上で最も重要となる全体の頻度だけにとどめ，グラフをシンプルにしています．
　このグラフにおける，ディメンションとメジャーは，次のとおりです．

ディメンション：　時間区間 + 対象物名
メジャー：　クチコミ数

ここで，ディメンションの '+' は，階層的に複数のディメンションを用いることを意味します．この対応付けに基づき，x 軸となる日付に対し，各対象物に対応するクチコミ数を，y 軸の値として可視化します．また，これらを作成するのに必要なデータ構造は，複数の対象物に対して選択されたクチコミ情報レコードを，1 日ごと (doc_date) にグループ分けし，その中を対象物名 (subj_name) 毎に集計した形式です（図 8.8）．
　このデータ構造は，簡易集約言語では，次の指定によって取得できます．

SC="subj_name=('商品 A' or '商品 B' or '商品 C')"
AC="/date(doc_date,1)/v(subj_name)"

/	doc_date	subj_name	配下レコード数
root			100
	20181217		20
		商品 A	10
		商品 B	8
		商品 C	2
	20181218		30
		商品 A	20
		商品 B	7
		商品 C	3
	…		…

図 8.8　時系列話題度比較グラフのデータ構造

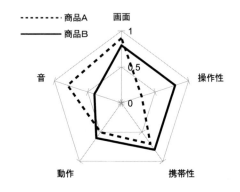

図 8.9　レーダーチャート

このように，1日ごとのグループを作成し，doc_dateの値を折れ線グラフのx軸に割り当てます．ここで，メジャーは，対象物ごとのクチコミ数なので，「時系列クチコミ推移グラフ」とは異なり，極性ではなく，対象物 (subj_name)でグループ化したデータ構造となっています．この値を，y軸に割り当てます．ここで，商品の頻度は，互いに独立で，それらの和を取ることには意味がないので，「時系列クチコミ推移グラフ」で用いた面グラフではなく，対象物ごとの折れ線グラフを使用しています．

8.3.3　複数対象物の比較の例

次に複数の対象物の定量比較として，レーダーチャートの例を図 8.9 に示します．この例では，属性クラスごとの好評度を比較しています．図 8.2 のフローチャートの，「時間変化がなし」「対象物が複数」「指標値が複数」「指

/	stmt_propcls	subj_name	stmt_ori	配下レコード数
root				100
	画面			17
		商品 A		9
			好評	8
			不評	1
		商品 B		8
			好評	7
			不評	1
	操作性			16
		商品 A		8
			好評	2
			不評	6
		商品 B		8
			好評	5
			不評	3
	...			...

図 8.10　レーダーチャートのデータ構造

標値が実数」となり，レーダーチャートが選択されます．レーダーチャートを用いると，複数の対象物の複数の指標値について，同時に直感的な比較を行うことができます．

このグラフにおける，ディメンションとメジャーは，次のとおりです．

ディメンション: 属性クラス＋対象物
メジャー: 好評度

この対応付けに基づき，属性クラスごとに，各対象物に対応する好評度を，中心からの距離として可視化します．また，これらを作成するのに必要なデータ構造は，複数の対象物に対して選択されたクチコミ情報レコードを，属性クラス（stmt_propcls）ごとにグループ分けした後，対象物名 (subj_name) でグループ分けし，その中を極性 (stmt_ori) ごとに集計した形式です（図 8.10）．好評度は，極性ごとのレコード数から算出します．

このデータ構造は，簡易集約言語では，次の指定によって取得できます．

```
SC="subj_name=('商品 A' or '商品 B')"
AC="/v(stmt_propcls)/v(subj_name)/v(stmt_ori)"
```

8.4 特定の対象物に関する定性分析

　定量的な分析では，全体的な傾向を把握することができました．定性分析では，消費者の記述した内容そのものを可視化します．これによって，どうしてそのような傾向があるのかの理由を把握することができます．定性分析では大量のクチコミ情報の中から効率的に特徴的なクチコミを抽出する必要がありますが，ここでよく使われるのは，属性と主観表現を組として扱う方法です．この組は，7.1.1項で述べた主観情報のことです．例えば，「画面-きれい」や「動作-速い」などです．また，属性と主観表現を，組としてではなく独立に扱い，それらの関係を把握することも重要です．例えば，「画面」と相関の高い主観表現を分析する場合などです．さらに，最終的な出力として属性や主観表現といった用語を表示するだけでは分かりにくいので，文章の形式で併せて表示することもあります．

　本節では，まず，主観情報を単位として可視化する方法として，特に，時系列のクチコミの変化と，複数の対象物の比較を行う手法を8.4.1項に述べます．次に，主観情報の中の属性と主観表現の関係を可視化する方法として，表やツリーによる方法と，ネットワークによる方法を8.4.2項に述べます．さらに，文章の中から主観情報だけを取り出して表示する方法の問題点と，その解決策としてスニペットや要約を用いる方法を8.4.3項に述べます．

8.4.1 主観情報の頻度表示

　最も単純な主観情報の表示方法は，重要度の大きい順に主観情報を並べる**ランキング表示**です．ランキング表示では，各主観情報に対して7.2.3項で述べた方法で重要度を計算し，6.1.2項で述べた方法で，出力するラベルを生成します．以下の項では，実際の可視化例を述べます．

■頻度表示の例

　主観情報の頻度表示を作成する際には，単純にすべての主観情報に対して重要度を算出するのではなく，特定の観点で対象を絞り込んだり，分類したりした上で重要度を算出することも有効です．例えば，極性として「不評」や，属性として「画面」といった観点で絞り込んだりする，などです．このような観点による絞込みや分類を用いることで，例えば，ある商品の画面につい

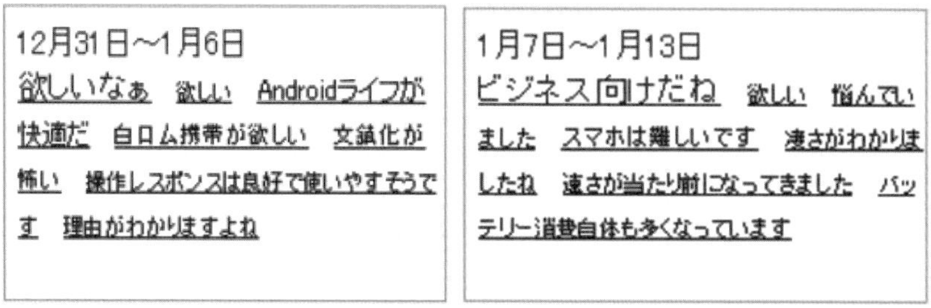

8.4 特定の対象物に関する定性分析 147

出典：goo 評判分析

図 8.11 時系列クチコミタグクラウド表示【カラー図 0.5】

て特に不評なことを言っている特徴的な用語を効果的に抽出することができます．また，観点として日付情報を用いることで，特徴的な用語の時間変化が分かります．

ここでは，実際の可視化例として「**時系列クチコミタグクラウド**」の表示例を示します．この例は，クチコミ情報レコードを 7 日ごとに集計し，主観情報を出力しています（図 8.11）．ここで，実際のニュアンスが伝わりやすいように，主観情報を出力する際に，属性付属語を付与しています．

このグラフにおける，ディメンションとメジャーは，次のとおりです．

ディメンション： 日付区間＋主観情報
メジャー： 重要度

この対応付けに基づき，日付区間ごとに，各主観情報について，その重要度から表示有無（もしくは順序やサイズ）を決めます．また，これらを作成するのに必要なデータ構造は，ある対象物に対して選択されたクチコミ情報レコードを，7 日 (date) ごとのグループに分け，属性 (stmt_prop)，属性付属語 (stmt_propptc)，主観表現 (stmt_eval) が一致するするもので集計した形式です（図 8.12）．重要度は，7.2.3 項で述べた方法などで計算します．

このデータ構造を簡易集約言語では，次の指定によって取得できます．

```
SC="subj_name='商品 A'"
AC="/dete(doc_date,7)/concat(stmt_prop,stmt_propptc,stmt_eval)"
```

date(doc_date, 7) によって，執筆日 (doc_date) が 7 日ごとのグループに分けて集計を行い，その配下を属性 (stmt_prop)，属性付属語 (stmt_propptc)，主観表現 (stmt_eval) を連結した表現（例：Android ライフが快適だ）を単

/	doc_date	concat(stmt_prop, stmt_propptc, stmt_eval)	配下レコード数
root			100
	20181231		10
		欲しい	2
		Android ライフが快適だ	1
		...	...
	20190107		15
		ビジネス向けだね	2
		スマホは難しいです	4
		...	...
	...		...

図 8.12 時系列クチコミタグクラウド表示のデータ構造

位として集計しています．ここで，図 8.12 における doc_date の "20181231" は集計条件に指定された date の引数の 7 に従い，執筆日 (doc_date) が 2018 年 12 日 31 日から 7 日間であるクチコミ情報レコードのグループを表します．concat は引数で指定された値を連結してそれをグループキーとして，グループ化する関数です．各日付ごとに，属性付属語付きで主観情報を出力することで，実際の文に記述された内容の変化が分かりやすいようになっています．

　別の例として，「液晶」と「画面」といった表記が異なっていても似た意味を持つ観点で比較したい場合を考えます．ここでは，このような表記揺れを考慮した商品の比較表示の例を示します（図 8.13）．

　このグラフにおける，ディメンションとメジャーは，次のとおりです．

ディメンション： クラスタ ID ＋対象物名＋主観情報
メジャー： 重要度

この対応付けに基づき，各クラスタの各対象物に対する各主観情報について，その重要度を用いて表示有無（もしくは順序やサイズ）を決めます．また，これらを作成するのに必要なデータ構造を図 8.14 に示します．1 階層目 (cluster) は，列方向に利用し，似た属性や主観表現（画面，よさ，薄さ等）でグループ化しています．2 階層目 (subj_name) は行方向で，対象物（商品 A，商品 B，商品 C）で分類します．また，3 階層目 (concat) は，各セルの中の属性，属性付属語，主観表現をまとめるために使用しています．ここで，1 階層目の各クラスタのラベルとなる文字列は，6.2 節で述べた方法で生成します．

8.4 特定の対象物に関する定性分析 149

	よさ	薄さ	画面	消耗	操作感
■ 商品A	いいです ね いいかな ー 良かった 良かった	ギリギリのサイ ズが限界 かな 辺りの サイズが良 い 大きさが 気になった	画面がデカ イ 液晶がと っても綺麗で す 画面が小 さい	バッテリーの 消耗が激し い 電池パッ クが貰えな い 電池が大 容量だ	ブラウザの操 作感が分か る 私の操作 が悪かった
■ 商品B	うまい 特徴 が欲しいよね ー いいね	薄くなってい ますね	液晶のサイ ズも見やす い 画面が暗 くなった	バッテリー消 耗は激し い バッテリ ーもちが悪 い 電池持ち がわるい	ソフトウェア キーボードの ミスタッチも 少ない マル チタッチも完 璧になる ブ ラウザの操 作感が分か る
■ 商品C	よいです か いいです ね いいです よねー	薄さも良 い 薄くてい いですね ぇ 薄い	画面が綺麗 だ	電池以外は 合格点	ブラウザの操 作感が分か る

出典:goo 評判分析

図 8.13 表記揺れを考慮した比較表示

/	cluster (stmt_prop, stmt_eval)	subj_name	concat (stmt_prop, stmt_propptc, stmt_eval)	配下レコード数
root				100
	画面			30
		商品 A		10
			画面がデカイ	7
			液晶がとってもきれいです	1
			…	…
		商品 B		8
			液晶のサイズも見やすい	5
			画面が暗くなった	1
			…	…
		…		…
	消耗			16
		商品 A		8
			バッテリーの消耗が激しい	5
			電池が大容量だ	1
			…	…
		商品 B		8
			バッテリーもちが悪い	4
			電池持ちがわるい	1
			…	…
		…		…
…				…

図 8.14 表記揺れを考慮した比較表示のデータ構造

		主観表現			
		よい	きれい	重い	大きい
属性	操作	10	0	2	0
	画面	3	10	0	5
	SDカード	2	0	0	3
	筐体	7	1	2	6

図 8.15　属性と主観表現の表表示

```
SC="subj_name='商品 A' or '商品 B' or '商品 C'"
AC="/cluster(stmt_prop,stmt_eval)/v(subj_name)/
        concat(stmt_prop,stmt_propptc,stmt_eval)"
```

cluster 関数については，7.5 節で述べました．この関数を用いることで表記揺れを考慮した比較表示を行うことができます．

データ構造として階層構造を持つことができると，このような複雑な可視化に必要なデータを一度に取得できます．仮に，階層構造を持つことができない場合は，まず，クラスタと対象物が同じものでデータを分けます．次に，これら分けられた各データから，図 8.13 の各セル用のタグクラウドを生成する必要があり，手間がかかります．

8.4.2　主観情報の関係表示

属性と主観表現を一つの組として扱うだけでなく，ある属性とある主題表現がどの程度の関係の強さを持っているのかを把握したい場合もあります．例えば，「画面」に対して「きれい」が強く結びついているかどうかを把握したい場合などです．また，複数の対象物に対して，どのように主観情報が結びついているのかの関係を直感的に把握したい場合もあります．例えば，「商品 A」と「商品 B」では，より「画面がきれい」と言われているのはどちらなのかといった場合などです．

ここでは，このような関係を表示する方法として，

(a)表・ツリーによる関係表示

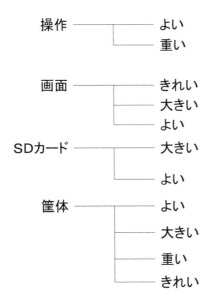

図 8.16 属性と主観表現のツリー表示

(b)ネットワークによる関係表示

の例を示します．

■表・ツリーによる関係表示の例

関係を把握するための直感的な可視化手法は，**表表示**です．縦方向に属性を並べ，横方向に，主観表現を並べます．それぞれが交わるセルにクチコミ情報レコードの頻度を入れると，数値の大小で結びつきの強さがわかります（図 8.15）．

このグラフにおける，ディメンションとメジャーは，次のとおりです．

ディメンション： 属性＋主観表現
メジャー： レコード数

この対応付けに基づき，属性ごとに，各主観表現との共起頻度（すなわち対象となる属性と主観表現を含むレコード数）を，数値で表します．

別の似た可視化手法として，各属性に対して，主観表現を子ノードとして結び付けた**ツリー表示**があります（図 8.16）．

このグラフにおける，ディメンションとメジャーは，次のとおりです．

/	stmt_prop	stmt_eval	配下レコード数
root			100
	操作		15
		よい	6
		重い	2
		...	...
	画面		18
		きれい	8
		大きい	5
		...	...
	...		...

図 8.17 属性と主観表現の階層表示のデータ構造

ディメンション： 属性＋主観表現

メジャー： レコード数

この対応付けに基づき，属性ごとの各主観表現について，レコード数に基づき表示の有無や順序を決めます．

　表表示，ツリー表示のディメンションとメジャーは同じものであり，これらの値を生成するために必要なデータ構造は，ある対象物に対して選択されたクチコミ情報レコードを，同一の属性表現 (stmt_prop) を持つものでグループ化し，その配下に主観表現 (stmt_eval) が一致するものをグループ化してレコード数を集計した形式となります[95]（図 8.17）．

　このデータ構造は，簡易集約言語では，次の指定によって取得できます．

```
SC="subj_name='商品 A'"
AC="/v(stmt_prop)/v(stmt_eval)"
```

ツリー表示では，各属性に対して，それに対応する主観表現をまとめて，一度に確認することができます．ここで，ツリーの各階層の兄弟ノードの順番は，ランキング表示で述べたのと同じ方法で重要度を計算し，重要度の降順に並べるなどして決定します．このとき，ツリーの主観表現部分を折りたたむと，頻度の高い属性が分かり，気になる属性についてだけ，主観表現の部分を開いて見ていくことができます．一方，表表示と比べた場合のデメリットは，特徴的な主観表現に対して，対応する属性を見ていくといった，逆方向の関係性を把握することがきないことです．例えば，「よい」という主観表現に結び付くのが，「画面」という属性なのか「操作」なのかを調べたい場合

[95] より正確には，表表示は，「属性表現」「主観表現」の組に対して，クチコミ数が一つ決まるというデータ構造を持ちます．ただし，そのままのデータ構造だと，同じ属性表現をそれと結び付く主観表現数だけ，何度も記載しなければならないという問題があります．そこで，同じ属性表現をまとめて記載するとこのような階層的なデータ構造となります．

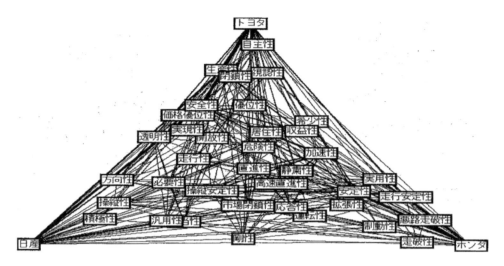

図 8.18 対象物と主観情報のネットワーク表示 [66]

は，ツリー表現は向いていません．表表示であれば，「よい」の列を見て，頻度の大きいセルから対応する行（属性）を見つけることができます．

■ネットワークによる関係表示の例

対象物や主観情報間の結びつきの強さを可視化する方法としてネットワークによる方法があります．論文 [66] の方法では，3 個程度の対象物と各主観情報をノードとし，関係のある対象物と主観情報，および主観情報の間にリンクを張ったネットワークを生成します（図 8.18）．この例では，主観情報として，「性」で終わる用語のみを利用しています．この例では，対象物（3 社）について，各主観情報がどの程度関連が強いのかが分かります．また，主観情報間の関係も合わせてみることができるので，単純に各社ごとに主観情報をランキングするのと比べて概観を把握しやすいというメリットがあります．

このグラフにおける，ディメンションとメジャーは，次のとおりです．

ディメンション： 対象物＋主観情報 または 主観情報＋主観情報
メジャー： 関連度

この対応付けに基づき，対象物や主観情報ごとに各主観情報との強さを，リンクの長さ，太さ等で可視化します．また，これらを作成するために必要なデータ構造は次のとおりです．

/ stmt_eval	subj_name / stmt_eval	stmt_eval	配下レコード数
root			100
	トヨタ		30
		安全性	15
		視認性	10
		...	...
	ホンダ		20
		安全性	5
		視認性	5
		...	...
	安全性		20
		視認性	15
		...	...
	視認性		10
		...	...
	...		...

図 8.19 対象物と主観情報のネットワーク表示に必要なデータ構造

対象物 主観情報 関連度 （例：トヨタ 安全性 0.8）
主観情報 主観情報 関連度 （例：安全性 視認性 0.8）

このように対象物と主観情報のペアおよび，主観情報と主観情報のペアに対する関連度を計算する必要があります．

　このデータ構造は，今まで述べてきたような木構造で表すことはできません．もし，無理やり木構造で表そうとすると，図 8.19 のような，異なる観点（対象物名と主観表現）が同じ階層にあり，また，違う階層に同じ観点（主観表現）がある構造となってしまいます．そのため，詳しくは述べませんが，第7章で述べた集約方法では対応できず，別の枠組みが必要となります．

▌8.4.3　文や文章による表示

　属性，主観表現やそれらの間の関係を可視化することによって，どのような主観情報が多いのかといった直感的な把握が容易になります．しかしながら，元の文章の中から属性や主観表現を取り出してしまうと，**文脈情報**が失われてしまいます．例えば，あるお店のクチコミ情報として，「良い景色を見ながらの料理がおいしかった」という文から主観情報として，「料理-おいしい」を抽出してしまうと，本来は景色の良さを話題にしていたのに，料理その

ものがおいしいという意味に誤認されてしまう恐れがあります．また，集約を行いやすくするために，動詞を終止形などに変換してしまうと微妙なニュアンスが失われたり，本来の意味とは違ったものとなってしまう場合もあります．例えば，「面白かったのに」を単純に終止形に正規化してしまうと「面白い」となり，元の意味とは違う意味になってしまいます．また，否定形などに注意してこのような意味の変化の問題に対処したとしても，「面白くなくはない」と「面白い」のニュアンスの違いを集約結果上に表現することは難しい課題となります．

そのため，各主観情報に対応する元の文章の一部（スニペットと呼ぶ）にアクセスできる手段を提供することが有効です．例えば，主観情報をクリックすると，その主観情報を含む**スニペット**と，そのスニペット内で，主観情報をハイライトさせるといった方法もあります．主観情報のハイライトは一見，簡単そうですが，文字位置等の出現箇所を保存し，集計結果からアクセスできるようにしなければならず，実装が複雑になり，位置情報等の格納コストが大きくなります．簡易に実現する方法としては，文や文中の文字位置情報を保存せず，集計された表現そのもので，対象記事に対して検索を実行することです．この方法の問題点としては，同じ表現があった場合に違う箇所を検索してしまったり，活用形を意識した一致がうまく取れないといったことがあります．このように，実装や保存のコストを考え，スニペットの作成方法を選択する必要があります．

頻度の高い主観情報には，多くのスニペットが紐づいています．そのため，単純にその主観情報に紐づくすべてのスニペットを表示してしまうと，冗長な表現も多く含まれ，確認に大きな労力がかかります．そこで，クチコミ情報に関係する文章を要約するといったことが有効となってきます．詳しい要約の方法については，6.3節を参照してください．

8.5　対象物集合の概観把握

8.3節と8.4節では，分析者から対象物が与えられ，その対象物に関するクチコミ情報を可視化する方法を述べてきました．一方で，明確に対象物を特定しない分析もあり，この場合には，対象物が分析者から与えられません．例えば，ある商品カテゴリの中から，クチコミが良いものを探したいといった場合や，今年度公開されたすべての映画について，どのような流行があり，ど

のような点が評価されたのかといった**サーベイ分析**などが考えられます．ここでは，このような分析に利用できるものとして，対象物集合全体を可視化する次の三つの手法を紹介します．

- ランキング表示
- **散布図表示**
- ネットワーク表示

これらの使い分けとしては，対象物をある決められた指標値で比較したいのであれば，ランキング表示や散布図表示を，明確な指標値はなく対象物間の関連性を可視化したいのであれば，ネットワーク表示を利用します．

8.5.1　ランキング表示

　ランキング表示は，各対象物にスコアを付与し，そのスコアの大きい順に対象物を並べる可視化手法です．ここで，対象物の表記揺れを扱う場合は，6.1.1 項で述べた方法で代表表記を生成しておきます．対象物に対するスコアは，通常，クチコミ数であったり，好評と不評のクチコミの割合であったりします．ランキング表示は，非常に分かりやすいため多くの場面で利用されています．ただし，当然のことながら一つの指標値（スコア）でしか可視化を行うことができません．そのため，7.2.3 項で述べた好評度のように，複数の指標をうまく組み合わせて一つの指標値とすることが重要です．

■ランキング表示の例

　映画のクチコミランキングを作成するといった対象物クラスを固定したランキングはしばしば利用されます．一方，例えば「選挙」というキーワードで検索を行い，候補者や組織といった複数の対象物クラスごとのランキングが欲しいといった場合もあります．このような，対象物クラスごとに抽出した対象物を可視化する方法の例を図 8.20 に示します．

　このグラフにおける，ディメンションとメジャーは，次のとおりです．

ディメンション：　対象物クラス＋対象物
メジャー：　レコード数

これらから，各対象物クラスの各対象物について，レコード数を用いて，表示有無もしくは表示順序を決定します．また，これらを作成するために必要

出典：goo 評判分析

図 8.20 対象物のクラス分類表示【カラー図 0.6】

なデータ構造は，キーワードが出現する文章に含まれるすべての対象物を抽出し，対象物クラス (subj_cls) と対象物名 (subj_name) でグループ化したものです（図 8.21）.

このデータ構造は，簡易集約言語では，次の指定によって取得できます．

```
SC="doc_body like 'サッカー'"
AC="/v(subj_cls)/v(subj_name)"
```

ここで，like は，部分一致でのキーワード検索を意味し，記事の本文にキーワードを含む，すべてのクチコミ情報レコードを取得し可視化に用います．ここで，分析者から対象物が与えられないので，動的なクチコミ情報レコード生成は行われません．そのため，得られる対象物は，事前抽出ができた一部のものに限定されてしまうので，一部の情報で分析の用途を満たせるのか否かの判断が必要となります．

/	subj_cls	subj_name	配下レコード数
root			100
	人物		20
		田中	5
		鈴木	2
		...	...
	組織		15
		チーム A	5
		チーム B	2
		...	...
	...		...

図 8.21　対象物のクラス分類表示のデータ構造

8.5.2　散布図表示

　散布図表示では，二つの指標値を同時に可視化することができます．散布図では，一つ目の指標値を x 軸，二つ目の指標値を y 軸で表します．例えば，x 軸に好評度，y 軸にクチコミ数を取ると，好評で話題になっている対象物，話題になっているが不評なもの，話題になってはいないが好評なもの，話題になっていないし不評なものを同時に確認することができます．さらに，**バブルチャート**を用いると，円の大きさで，三つ目の指標値を可視化することができます．ただ，可視化結果を確認する分析者が，このような図にある程度慣れていないと，複数の指標値を一度に確認することは困難です．そのため，

- 本当に，二つの軸を同時に見る必要があるのか？
- 可視化結果を確認する分析者のスキルはどの程度なのか？

を考え，場合によっては，散布図やバブルチャートではなく，個別に二つのランキング表示を用いるほうが良いこともあります．

■散布図表示の例

　散布図の例として，「**関連語マップ表示**」を示します（図 8.22）．関連語マップ表示では，入力したキーワードに関連する対象物を，好評度を x 軸，話題の頻度を y 軸とした散布図に配置して表示します．このグラフにおける，ディメンションとメジャーは，次のとおりです．

ディメンション：　対象物

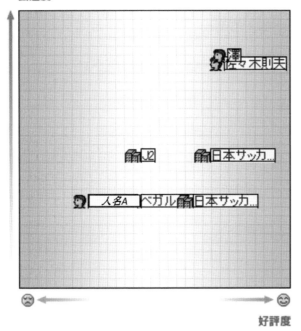

出典：goo 評判分析

図 8.22　関連語マップ表示【カラー図 0.7】

メジャー： レコード数，好評度

この対応付けに基づき，各対象物に対して好評度を x 軸，レコード数を y 軸の値として散布図上に配置して表示します．また，これらを作成するために必要なデータ構造は，キーワードが出現する文章に含まれる各対象物名 (subj_name) について，極性 (stmt_ori) ごとのクチコミ数を集計した結果です（図 8.23）．このデータ構造は，簡易集約言語では，次の指定によって取得できます．

```
SC="doc_body like 'サッカー'"
AC="/v(subj_name)/v(stmt_ori)"
```

図 8.23 のデータ構造では，好評度の算出はされていませんが，各対象物に対して，極性ごとのクチコミ数が分かるため，7.2.3 項の計算方法によって，算出することができます．

/	subj_name	stmt_ori	配下レコード数
root			100
	鈴木		35
		好評	10
		不評	20
		その他	5
	田中		25
		好評	5
		不評	10
		その他	10
...			...

図 8.23　関連語マップ表示のデータ構造

8.5.3　ネットワーク表示

　ネットワーク表示では，対象物をノード，対象物間の関係をリンクとしたネットワークで，対象物とその間の関係を可視化します．リンクに，関係の強さを表す関連度を定義し，関連が強いものほど，近くに配置するものもあります．この可視化手法が，ランキング表示や散布図と大きく異なるのは，ある特定の対象物を単位としたある指標値を可視化するのではなく，対象物同士がどのような関連の強さを持っているのかを可視化する点にあります．

　ここで，関連の強さとして，例えば，属性の一致度を用いることにします．すると，同じような属性で語られる対象物同士は関連度が高くなるため，近くに配置され，そうでないものは，遠くに配置されます．例えば，レストランを対象物とすると，「夜景」についてしばしば評価されているレストラン集合と，「値段」について評価されている集合を，それぞれ遠くに配置することができます．関連の取り方によって，様々な可視化が可能なので，関連をどのように定義するのかが重要となります．

■ネットワーク表示の例

　ネットワーク表示の例の白黒画像を図 8.24 に示します．カラー画像は，巻頭（口絵）の図 0.8 にありますので，併せてご確認ください．青が名詞（対象物相当），赤と緑がそれぞれ動詞，形容詞（主観情報相当）を表しています．このようにネットワーク表示では，対象物間の関係（加えて主観情報との関係）を概観することができます．

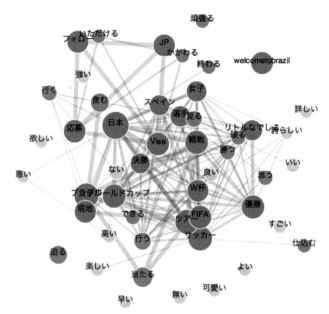

出典：ソーシャルメディア解析ツール Social Insight 新バージョン説明資料
http://social.userlocal.jp/

図 8.24　対象物のネットワーク表示【カラー図 0.8】

このグラフにおける，ディメンションとメジャーは，次のとおりです．

ディメンション： 対象物＋対象物 または 対象物＋主観情報 または 主観情報＋主観情報

メジャー： 関連度

これらから対象物や主観情報ごとに，各対象物や主観情報との関連度を，リンクの長さ，太さ等で可視化します．

この可視化を行うためのデータ構造は，

対象物 対象物 関連度（例：日本 スペイン 0.8）
対象物 主観情報 関連度（例：日本 強い 0.4）
主観情報 主観情報 関連度（例：誇らしい 良い 0.4）

のような形式です．ここで，このデータ構造は，8.4.2項で述べたように第7章で述べた集約方法では作成できません．

8.6 可視化ツール

ここまで，分析の目的に応じた可視化手法，およびディメンションとメジャーに集約結果のデータ構造を対応付ける方法を述べてきました．本節では，可視化結果を実際に画面に描画するために利用可能なツール類について簡単に説明します．代表的な可視化ツールには，次の三つのものがあります．

(a)**表計算ソフト**
(b)**BI ツール（Business Intelligence ツール）**
(c)**可視化ライブラリ**

(a) 表計算ソフトは最も手軽ですが，データが更新するたびにデータの取込み等を行う必要があるため運用には手間がかかります．(b)BI ツールも表計算ソフトと似たように使えますが，データの取込みから更新までを自動化することが可能です．ただ，これらのツールでは，利用できる可視化手法の種類が限られ，かつ，表示されたグラフ等に対してインタラクティブに操作するようなことはほとんどできません．そのため，利用したい表示方法がサポートされていない場合や，インタラクティブな操作が必要な場合は，自前で (c)可視化ライブラリを利用して実装する必要があります．それぞれのツールやライブラリを使用する方法を次に説明します．

8.6.1 表計算ソフト

最もよく利用される表計算ソフトは，Microsoft Excel でしょう．Excel は，非常に多彩なグラフを持っています．ただし，Excel の可視化対象は，表形式のデータであり，階層を持ったデータ構造をそのまま可視化することは通常できません[96]．そのため，階層構造を持つデータを表形式に変換する必要があります．階層構造を持つデータを表形式のデータに変換する場合は，次のステップで考えます．

1. ディメンションにあたるものは何か？
2. メジャーにあたるものは何か？
3. ディメンションをメジャーに変換することはできないか？

例えば，図 8.5 の場合，一つ目のディメンションは，時間区間です．ここ

[96] Microsoft Excel 2016 以降では，サンバースト図，ツリーマップという階層構造に特化したグラフを一部用意してあります．

時間区間	極性	レコード数
20181217	好評	1
20181217	不評	3
20181217	その他	6
20181224	好評	2
20181224	不評	4
20181224	その他	10
...	...	...

図 8.25 時系列クチコミ推移グラフ用に相応しくない表形式

時間区間	好評数	不評数	その他数
20181217	1	3	6
20181224	2	4	10
...	...	...	...

図 8.26 時系列クチコミ推移グラフ用に相応しい表形式

で，極性をディメンションとして，レコード数をメジャーとし，各列に割り当ててみましょう（図 8.25）．しかしながら，このような表形式にしてしまうと，帯グラフの x 軸に時間区間を割り当てることはできますが，y 軸にどれかの列を単純に割り当てることはできません．この問題は，ディメンションが階層構造を持っている（時間区間の配下に極性がある）のに対して，表形式ではこの構造をうまく表現できないために起こります．このような場合，ディメンションの一部をメジャーに変換することで，ディメンションが階層構造を持たないようにすれば解決できます．具体的には，極性が好評（不評，その他）のレコード数を好評数（不評数，その他数）とします（図 8.26）．こうすることで，時間区間をディメンションとして x 軸に割り当て，好評数，不評数，その他数の三つの列をメジャーとして，y 軸に積み上げる帯グラフを作成することができます．

　散布図などの場合も同様で，対象物，好評度，話題度というフィールドを持った表形式のデータ構造を作成すれば可視化を行うことができます．この場合は，対象物がディメンションで，好評度と話題度がメジャーです．

　以上のように，ディメンションの階層構造をなくす，すなわち，1 行が一つの単位を表すように，ディメンションの一部をメジャーに変換することで，表形式データを作成することができます．このようなデータを集約結果からスクリプト等で作成し，表計算ソフトに流し込むことで，比較的簡単に可視化を行うことができます．

8.6.2 BI ツール

表計算ソフトは柔軟ですが，更新されるデータの読込みや描画のたびに手作業が必要となり手間がかかるといった問題があります．この問題を解消できれば，様々な集約結果を切り替えて即時に様々な角度から分析を進めることができるようになります．

BI ツールでは，データベースにクエリを発行し，集約結果を得てそれをディメンションとメジャーに割り当てることで，可視化を行います．このため，手作業によるデータ投入作業から解放されます．このような BI ツールに Redash[97] という **OSS** があります．Redash は，RDB をはじめとする複数の形式のデータソースをサポートし，各データソースに対してクエリを発行し，その集約結果の可視化を行います．特に，データソースとして python のプログラムを指定する機能があり，そのプログラムの中では，どのような処理を行っても構いません．Redash と指定されたプログラムとのデータの受渡しは，result という名の，表構造を持つ変数を作成するだけです．result には，列の名前があり，この名前を分析者が，ディメンションやメジャーに割り当てることで，グラフ描画を行います．具体的には，次の処理を行う python コードを作成し，Redash から呼出し可能なようにデータソースとして設定します．

1. Redash の UI に分析者が投入した入力値を変数として受け取る．
2. 変数を埋め込んだ問合せを生成する．
3. 集約機能に問合せを行い集約結果を受け取る．
4. 集約結果から，ディメンションとメジャーに対応する値を列とした表形式データを作成する．
5. result という名前の変数に表形式データを格納する．

最後に，Redash の UI でディメンションとメジャーに該当する列を指定すると，グラフ描画を行えます．

8.6.3 可視化ライブラリ

表計算ソフトや BI ツールでは，データ構造として表構造を想定しています．そのため，複雑な階層構造を持つデータの可視化には向いていません．また，インタラクティブな処理が不得手であるため，ツリーで表示を行い，ツリー中のノードをクリックするとその中を開いて深く見ていく**ドリルダウ**

[97] https://redash.io/

ンといった処理ができません.

このような処理を行いたい場合は,表計算ソフトや BI ツールを使うのではなく,自前で実装する必要があります.このような実装をサポートする OSS として,Javascript で利用可能な描画ライブラリの D3.js があります.D3.js を利用する場合の基本的な流れは,次のとおりです.

1. HTML ソースの中に,D3.js 読込み用の SCRIPT タグを入れる.
2. HTML の DOM ノードを指定し,そこにグラフィックス要素を追加する.
3. グラフックス要素にデータと表示方法を割り当てて描画を行う.
4. グラフの細かい描画設定等は,CSS を用いて行う.

ここでは,詳細を述べませんので,D3.js のチュートリアル[98] などを参考にしてください.

[98] https://d3js.org

8.7 まとめ

本章では,可視化の目的として,主に,(a) 特定の対象物の定量分析,(b) 特定の対象物の定性分析,(c) 対象物集合の概観把握の三つがあることを述べました.(a) については,各種グラフをどのように選択し可視化を行えばよいのかの指針を示しました.特に,グラフに多くのものを盛り込みすぎると分かりづらくなるので,適切なものを選ぶ方法について,フローチャートを用いて説明をしました.(b) については,語句を可視化する際の重要度や関係性の表示方法を述べました.また,スニペットを出力することの重要性と要約の必要性について述べました.(c) については,対象物の検索や,あるテーマに対する分析を行うために,あらかじめ対象物が分かっていない状況があることを述べました.特に,可視化を行いたい指標値がはっきりしている場合は,ランキング,散布図,バブルチャートを,指標値がはっきりしておらず何かしらの対象物間の関係のみを可視化したい場合は,ネットワーク表示が有効であることを述べました.この中で,goo 評判分析サービスを中心に,(a)〜(c) の可視化手法がどのように組み合わされて,利用されているのかを述べるとともに,そのような可視化を行うために必要なデータ構造と,第 7 章で述べた簡易集約言語を用いたデータの取得方法を述べました.また,実装を行う上で参考となるように,代表的な可視化ツールを紹介しました.

第9章

おわりに ～クチコミ分析のレシピ～

　本書では，クチコミ分析システムの作り方と題して，クチコミ分析システムの用途と分析対象メディアの特徴，用途に適ったシステムの構成，必要な要素パーツの構築手法について述べました．

　ここまで見てきたように，クチコミ分析システムは多くの要素パーツの組合せで構成され，長い年月をかけて研究が進められてきた言語処理技術を総動員した，集大成的なシステムともいえます．

　全体を読み通した結果として，「これは大変だ．とても作れそうにない」といった印象を持った方もいらっしゃるかもしれません．ですが，すべてのクチコミ分析システムが，これら要素を全部備えている必要があるわけではありません．

　本書では，クチコミ分析で発生する様々な課題を解決可能な現時点の技術，という立場で述べてきましたが，システム構成やサービス内容によってはそもそも不要なパーツもあります．例えばクチコミ要約をサービス内容に入れないのであれば要約パーツは不要です．

　機能としては必須であっても，学習データを準備して高精度を求めなくとも，簡単なルール実装でも概ね事足りるパーツもあります．著者らが実際に構築して運用したシステムでも，すべてが実装されているわけではなく，最終的にはサービスに用いなかった技術もいくつかあります．

　本書の終わりに，クチコミ分析システムでどのパーツが必須で，どのパーツは限定的であっても実現が可能か，といった「クチコミ分析システムのレシピ」を整理します．表 9.1〜 表 9.3 では，第 3 章 〜第 8 章で説明してきた各パーツ（素材）について，その必要性と実装レベルについてまとめました．

　各パーツの必要性と求められる実装レベルは，システムが取り扱う対象範

囲によって決まってきます．主な観点は下記の2点です．

- 幅広いドメインを対象とするシステムか，それとも特定商品や特定ドメインを対象のシステムか．
- 分析したいコンテンツは幅広くインターネットに散在しているのか，それとも特定サイトの限定的な範囲か．

　対象ドメインの幅広さの観点は，多義解消や名寄せをどの程度しっかりと作るべきかに影響してきます．ドメインが限定的であれば多義はあまり発生せず，また，名寄せ辞書の構築も難しくありません．一方で，ドメイン横断的なシステムの場合には同表記異義語が多発しますし，名寄せ辞書の網羅的な構築は困難で，統計的な手法などに頼る必要があります．

　コンテンツ収集範囲の観点は，主として収集系やデータベース系の難しさに影響します．クローラーは，ある程度はサイトごとにデザインする必要がありますし，HTMLファイルやRSSデータからの抽出規則も，サイトによってまちまちになります．掲載されている情報の範囲や粒度もサイトごとに異なっていますので，全サイトをカバーできるスキーマの設計には手間がかかるでしょう．

　また，構築したシステムのサービス対象者によっても，その要求レベルは異なってきます．例えば，構築者が自分でツールとして使うのであれば限定的な実装で構いませんが，サイトとして運用して幅広いユーザーが利用するような形態であれば，高い水準の完成度が必要になります．みなさんの用途にあわせて，各パーツをどのように調達するかや，どのレベルで実装するかの設計方針を固めていってください．

　最後に，本書で述べなかった事項と今後の展望について述べます．

　本書では，自然言語処理と関連の深い，クチコミ記事に書かれた「内容」の分析を主として扱いました．クチコミの分析としては他に，クチコミが拡散する様子からのインフルエンサー抽出や，クチコミ量，飲食店等のレビュースコア（☆の数）などを対象にしたデータ分析が考えられます．

　また，クチコミ内容の中でも主観的な情報の分析に絞って述べましたが，客観的な事実についてのクチコミの分析も多数試みられています．例えば東日本大震災の後には，ツイッター等から災害関連情報を収集・分析して，被災者や支援者への情報提供に役立てようという試みが数多くなされました[67]．

　客観情報を対象にしたクチコミ分析の場合，そのデータ構造をどのように

一般化して定義するかという点が問題となってきます．主観情報の中心となる評価情報の場合には，「良い」「悪い」という軸を中心とし，言及対象を対象物の属性として構造化する方式が定着していますが，客観情報の場合，「良い」「悪い」に相当する属性値が分析対象に大きく依存するために，汎用的に構造・語彙を定義することが容易ではありません．そのため，例えば渋滞情報や物資の不足情報といった，特定の分析対象に絞っての構造化が試みられています．また，事実を対象にしたクチコミ分析の場合には，デマ情報への懸念からその信憑性評価が重要となるため，これも多くの研究が進められています．

　システムのユースケースに関しては，本書では，集約結果をユーザーに提示することを目的として述べてきました．これは，分析者の何らかの意思決定に役立てることを主眼においたものですが，集約結果を単にユーザーに提示するだけではなく，何らかの将来予測システムへの入力に用いることも考えられます．例えば株式市場の市場心理（市場センチメント）をクチコミから分析し，マーケット予測に用いる取組みなどが行われています．

　技術的な側面では，近年大きく進歩したニューラルネットの導入が今後期待されます．衝撃的な性能で大きな話題となったニューラル機械翻訳では，原文と訳文から直接ニューラルネットの重みパラメータを学習し，翻訳知識やテキストの意味を構造化された記号情報として表現することはありません．クチコミ分析等のテキストマイニングを End-to-End 学習で構築するのはまだまだ夢物語ですが，テキストの意味をニューラルネットの重みや活性パタンとして表現する方向は今後も徐々に進んでいくでしょう．本書で述べたような，データモデルを定めてその前後に解析系と表現系を構築する構成の言語処理システムは，近い将来に大きく様変わりするかもしれません．

9 おわりに〜クチコミ分析のレシピ〜

表 9.1 クチコミ分析システムのレシピ (1/3)

素材	記載節/項	必要性(*15)	実装方針と実装レベル
収集系	3.2	▲	(*1)
スパム対策	3.3	▲	(*2)
本文抽出	5.1	▲	(*3)
文分割	5.2.1	◎	梅: 単純な句点分割ルール. 松: 統計モデルで実装する.
形態素解析	5.2.2	◎	梅: オープンソースを利用する. 竹: オープンソースに辞書を追加する. 松: 学習コーパスも追加. もしくは独自にエンジン構築.
構文解析	5.2.3	○	梅: なし. 構文情報を用いずに情報抽出する. 竹: オープンソースを利用する. 松: 学習コーパスを追加. もしくは独自にエンジン構築.
固有表現抽出	5.3.1	○ (*4)	梅: なし. 辞書による抽出に任せる. 竹: オープンソースを利用する. 松: 学習コーパスを追加. もしくは独自にエンジン構築.
辞書による対象抽出	5.3.1 5.4.1	◎ (*4)	固有表現抽出に任せるならば不要だが, 実用性を考えるとほぼ必須.
主観表現抽出	5.3.2	◎	梅: 主観表現辞書の語をそのまま抽出する (*5). 竹: 否定子だけは含むように核表現範囲を拡げる (*6). 松: ニュアンスを含めて抽出する.

(*1) コンテンツの読込みを自動化するならば必要. 小規模システムで手動でコンテンツロードするならば不要.

(*2) 自作収集系で自動収集するならばある程度は必要. その際に収集先が限定的ならばブラックリスト・ホワイトリストで実現. 収集系を商用サーチエンジンに任せるのであればサーチエンジン側で一定のスパム対策がなされているので必須ではない.

(*3) HTML コンテンツが対象ならば必要. API 収集なら不要な場合も.

(*4) レビューサイトの記事を対象にしたクチコミ分析のように, 対象物が記事本文外からメタデータとして与えられるような場合には, 対象物を本文から抽出する機能は不要. 本文からの抽出が必要であれば本パーツの必要性は高い.

(*5) 分析システムで主観表現を表示する必要がなく, 集計だけできればよいならば, 核表現をそのまま使っても構わない.

(*6) ニュアンスは不要と割り切り, 事実関係だけが伝わるように設計するならば, 否定子だけ評価表現範囲に入れるように作成すると最低限の抽出は可能.

表 9.2　クチコミ分析システムのレシピ (2/3)

素材	記載 節/項	必要性 (*15)	実装方針と実装レベル
対象物属性抽出	5.3.3	○	梅: 属性は抽出しない. 観点ごとの分析はしない. 松: 抽出する.
主観表現辞書	5.4.2	◎	梅: 公開されている辞書を利用する. 松: 独自に整備した辞書も加える.
極性判定	5.5	◎	梅: 辞書中の P/N と極性変化子による判定. 松: 学習データを準備し統計モデルで極性判定する.
辞書名寄せ	5.6	○	梅: 名寄せはしない (*7)(*8). 松: 名寄せ辞書を整備する.
音や略語の名寄せ	5.6.1 5.6.2	△	梅: 統計モデルによる名寄せはしない. 松: 揺らぎ距離を判定する統計モデルを実装する.
属性名寄せ	5.6.4	▲	(*9)(*10)
あいまい性解消	5.7	▲	(*11)
センチメント構造化	5.8	◎	梅: 近接して出現した候補を対象物と判定する. 松: どの候補が対象物かを統計モデルで判定する.
不適切表現対策	5.9	▲	(*12)

(*7) 一切名寄せをしないとすると相当に異表記が出てくることが考えられる. ただ, システムが狙っている分析対象物がほとんど表記揺らぎがないような場合も考えられ, 必要性は分析対象物に依る.

(*8) 商品レビューを対象にしたクチコミ分析のように, 対象物がメタデータとして与えられる場合には, そもそも対象物を抽出する機能が不要. したがって, 抽出された対象物の名寄せも必要ない.

(*9) 商品間の比較をしようとするならば, 商品間で属性をそろえる必要があることからほぼ必須. また, クチコミ要約は同一属性のセンチメントを集約して重要文判定に利用するため, クチコミ要約を実装するならば属性の名寄せが必要となる.

(*10) 属性体系に基づいて属性を抽出している場合には, 元々属性クラスが判明しているので名寄せは必要がない.

(*11) 限定的なドメインを対象としたシステムであれば, あいまい性のある対象名が出現することは稀なので, あいまい性解消機能はなくてもあまり問題ない.

(*12) 集約結果を公表しないならば, ほぼ問題は生じないので, 対策の必要性は低い.

9 おわりに〜クチコミ分析のレシピ〜

表 9.3 クチコミ分析システムのレシピ (3/3)

素材	記載 節/項	必要性 (*15)	実装方針と実装レベル
消費者属性	5.10.1	▲	梅: 消費者属性による分析は見送る. 竹: CGM のプロフィール欄からルールで抽出する. 松: 加えて,クチコミ本文から属性判定する.
消費者行動	5.10.2	▲	梅: 消費者行動による分析は見送る. 松: 統計モデルで推定する.
クチコミのタグ生成	6.1	○	梅: タグ表示はしない (*13). 松: タグ生成ロジックを実装する.
分析軸ラベル	6.2	◎	梅: 最頻のものを選ぶ. 松: クラスタラベル辞書を整備する.
クチコミ要約	6.3	▲	梅: 要約サービスは提供しない. 竹: 貪欲法等で近似的に実現する. (*14) 松: 最適要約を生成するように実装する.
集約・集計	7	◎	梅: データベースを用いずに,用途ごとに集約プログラムを実装する. 竹: 通常の RDB をそのまま利用する.表記揺れや階層的なデータ構造には対応しない. 松: 表記揺れや階層的なデータ構造に対応できるように実装する.
可視化	8	○	梅: 専用の可視化は実装しない.集約結果を CSV 形式等で出力し,Excel 等で可視化する. 竹: データ分析ツール (Redash 等) を用いて,クエリから可視化までの一連の機能を実現する. 梅: 可視化ライブラリ (D3.js 等) を用いて,表現豊かでインタラクティブな可視化機能を実装する.

(*13) 評価表現等をテキスト表示しないシステムも考えられる.その場合には分析者はセンチメントタプルを直接閲覧することになるが,一般向けではなくアナリスト専用のシステムであればこれでも不可能ではない.

(*14) 他にも,例えば要約結果を重要度順の箇条書きで表示することで,自然な並び順の考慮を省くなどの簡略化案が考えられる.

(*15) "必要性" 列の凡例:

◎ 構成上必須.シンプルなものであっても何か準備する.

○ 備えたほうが望ましいが,なしの構成も考えられなくはない.

△ なくても大きくは影響しないが,性能を求めるならば準備する.

▲ システム構成とサービス内容に依存する.構成や内容によっては機能不要.

付録

A.1 系列ラベリングとチャンキング

　系列ラベリングとは，何らかのトークンの系列に対して，各トークンのラベルを推定付与する技術の総称です．例えば単語の系列を入力として，個々の単語の品詞を推定するような処理がその典型例です．

　本書では，文抽出，固有表現抽出，評価表現抽出等で系列ラベリングに言及しましたが，その他にも，形態素解析や係り受け解析も内部では系列ラベリングによって実現されている場合が多かったり，本文抽出や属性抽出，プロフィールからの著者情報抽出なども系列ラベリングとして問題設定することも考えられます．

　系列ラベリングの実現にはいくつかの方法がありますので詳しくは教科書（例えば [20] や [68]）を参照いただくとして，ここでは考え方だけ紹介します．

　トークン系列を $\boldsymbol{x} = (x_1, ..., x_n)$，各トークンのラベル系列を $\boldsymbol{y} = (y_1, ..., y_n)$ と表し，入力 $\boldsymbol{x}$ に対する $\boldsymbol{y}$ の良さを表す尺度を $s(\boldsymbol{x}, \boldsymbol{y})$ とすると，系列ラベリングとは $\hat{\boldsymbol{y}} = \underset{\boldsymbol{y}}{\operatorname{argmax}}\, s(\boldsymbol{x}, \boldsymbol{y})$ を解くことと表現できます．

　まずシンプルに思いつくのは，個々のトークン x_i のラベル y_i を SVM 等の分類器で一つずつ推定する方法です．その際に，前後のトークンの情報を分類特徴に加えておくと一定の分類器は実現できます．

　次に，せっかく系列なので先頭トークンから順に推定する方法が考えられます．この場合，i 番目のトークンのラベル y_i を推定する際には y_{i-1} までのラベルは推定済みですので，これをさらに特徴に加えることができます．こうすることで，例えば，英語の場合に助動詞の次には動詞が来やすいといった，ラベル並びの特徴を学習に反映させることができます．

　さらに，系列全体を最適化する方法も考えられます．ただし，$\boldsymbol{y}$ 全体の最適組合せを算出するのは大変ですので，各ラベルは直前の状態にのみ影響を

$$
\begin{array}{ccccccccccc}
東京 & 駅 & で & 山田 & さん & と & 会い & まし & た & . \\
\text{B-LOC} & \text{I-LOC} & \text{O} & \text{B-PSN} & \text{O} & \text{O} & \text{O} & \text{O} & \text{O} &
\end{array}
$$

図 **A.1** IOB2 形式によるチャンクの表現例. B タグがチャンクの先頭, I タグがチャンクの内部, O タグがチャンク外を表す. LOC と PSN はチャンクの種別.

受けるというマルコフ性を仮定して学習量と計算量を削減します. 隠れマルコフモデル (Hidden Markov Model; HMM) では分類の特徴としてトークン x_i そのものを使い, 条件付き確率場 (Conditional Random Field; CRF) では任意の特徴量を素性とできます. CRF には手軽に使えるオープンソース実装[99] がありますので, 使いたい特徴を抽出する特徴抽出器を実装して CRF エンジンに渡すと系列ラベリングが実現できます.

[99] CRF++ : https://taku910.github.io/crfpp/.
CRFsuite : http://www.chokkan.org/software/crfsuite/ など

系列ラベリングをチャンキングに用いるためには, 各トークンがチャンクのどの位置にあるかをラベルとして表現します. よく使われるのは IOB2 というラベリングルールで, チャンクの先頭トークンを B, その他のチャンク内トークンを I, チャンク外のトークンを O としてラベルを与えます (図 A.1). 系列ラベリングによって各トークンが I か O か B かが推定できるとチャンク範囲が決定できます.

チャンキングではチャンク範囲の抽出と同時にチャンクのクラスを推定することがよくあります. 例えば, 人名 (PSN) と地名 (LOC) を同時に抽出する場合を考えます. この場合には, B-PSN, I-PSN, B-LOC, I-LOC, O の五つのラベルを推定するように構成することで, 文中の人名と地名を 1 回の系列ラベリングで抽出できます.

A.2 並び順を考慮する要約モデル

6.3.1 項の (6.24) 式は下記の最適化問題として表現できます.

$$
\text{max.} \quad \lambda \sum_{k=1}^{|E|} w_k z_k + (1-\lambda) \sum_{i=0}^{n} \sum_{j=1}^{n+1} c_{i,j} y_{i,j} \tag{A.1}
$$

$$
\text{s.t.} \quad \sum_{i=1}^{n} l_i x_i \leq L \tag{A.2}
$$

$$\forall k, \sum_{i=1}^{n} m_{ik} x_i \geq z_k \tag{A.3}$$

$$\forall i, \ x_i \in \{0, 1\} \tag{A.4}$$

$$\forall k, \ z_k \in \{0, 1\} \tag{A.5}$$

$$x_0 = 1 \tag{A.6}$$

$$x_{n+1} = 1 \tag{A.7}$$

$$\forall p, \ \sum_i y_{i,p} = x_p \tag{A.8}$$

$$\forall p, \ \sum_j y_{p,j} = x_p \tag{A.9}$$

$$\forall i \forall j, \ y_{i,j} \in \{0, 1\} \tag{A.10}$$

$$\sum_j f_{0,j} = n \tag{A.11}$$

$$\sum_i f_{i,n+1} \geq 1 \tag{A.12}$$

$$\forall p, \ \sum_i f_{i,p} - \sum_j f_{p,j} = x_p \tag{A.13}$$

$$\forall i \forall j, \ f_{i,j} \leq n y_{i,j} \tag{A.14}$$

少々制約条件が増えていますのでグルーピングして理解してください.

まず, (A.2)~(A.5) は p.93 の最大被覆問題 (6.17)~(6.20) のものと同一です. (A.6)~(A.7) は先頭と末尾の仮想文が必ず含まれることを意味しています. (A.8)~(A.10) は, 各ノードの流出入次数の制約で, ノード s_p に入ってくる有向辺とノード s_p から出ていく有向辺がどちらも一つだけであることを表現しています.

(A.11)~(A.14) は閉路が生じることを防ぐための制約です. (A.10) までの制約だけでは, 先頭から末尾までをショートカットした経路ができて, 余ったノードは閉路を構成してしまう可能性があります. そのためフローの変数 $f_{i,j}$ を定義し, (A.13) でノード s_p に流入するフローと流出するフローに差があることを求めています. 閉路があるとこの制約が成立しなくなるため, 全ノードが一列に並ぶことが保証できます.

参考文献

[1] 自由国民社.『現代用語の基礎知識』, 自由国民社, 2018.

[2] 青地晨. マスコミ五十年 大宅壮一語録. 別巻「大宅壮一読本」, 大宅壮一全集. 蒼洋社, 1982（初出『婦人公論』昭和 46 年 2 月号）.

[3] 那須川哲哉.『テキストマイニングを使う技術/作る技術：基礎技術と適用事例から導く本質と活用法』, 東京電機大学出版局, 2006.

[4] 総務省情報通信総合研究所 (IICP). ブログの実態に関する調査研究──ブログコンテンツ量の推計とブログの開設要因等の分析──. 2009.

[5] Matthew A. Russell.『入門ソーシャルデータ：ソーシャルウェブのデータマイニング』, オライリージャパン, 2014.

[6] Pranam Kolari, Akshay Java, Tim Finin, Tim Oates, and Anupam Joshi. Detecting spam blogs: A machine learning approach. In *AAAI*, Vol. 6, pp. 1351–1356, 2006.

[7] Pranam Kolari. Spam in blogs and social media. *Tutorial at ICWSM, 2007*, 2007.

[8] Christopher D. Manning, Prabhakar Raghavan, and Hinrich Schütze. *Introduction to Information Retrieval*. Cambridge University Press, New York, NY, USA, 2008.

[9] Christopher D. Manning, Prabhakar Raghavan, and Hinrich Schütze. 『情報検索の基礎』, 共立出版, 2012.

[10] Moses S. Charikar. Similarity estimation techniques from rounding algorithms. In *Proceedings of the Thiry-fourth Annual ACM Symposium on Theory of Computing*, STOC '02, pp. 380–388, New York, NY, USA, 2002. ACM.

[11] Andrei Z. Broder, Steven C. Glassman, Mark S. Manasse, and Geoffrey Zweig. Syntactic clustering of the web. In *Selected Papers from the*

Sixth International Conference on World Wide Web, pp. 1157–1166, Essex, UK, 1997. Elsevier Science Publishers Ltd.

[12] Gurmeet Singh Manku, Arvind Jain, and Anish Das Sarma. Detecting near-duplicates for web crawling. In *Proceedings of the 16th International Conference on World Wide Web*, WWW '07, pp. 141–150, 2007.

[13] 櫻井俊之, 松尾義博, 菊井玄一郎. 順序保存ダイジェスト法による web ページ間の部分複製検出.『日本データベース学会論文誌』, Vol. 8, No. 1, pp. 1–4, 2009.

[14] 小林のぞみ, 乾健太郎, 松本裕治, 立石健二, 福島俊一. 意見抽出のための評価表現の収集.『自然言語処理』, Vol. 12, No. 3, pp. 203–222, 2005.

[15] 倉島健, 藤村考, 奥田英範. 大規模テキストからの経験マイニング.『電子情報通信学会論文誌 D』, Vol. J92-D, No. 3, pp. 301–310, 2009.

[16] Nozomi Kobayashi, Kentaro Inui, and Yuji Matsumoto. Opinion mining from web documents: Extraction and structurization.『人工知能学会論文誌』, Vol. 22, No. 2, pp. 227–238, 2007.

[17] 大塚裕子, 乾孝司, 奥村学.『意見分析エンジン――計算言語学と社会学の接点――』, コロナ社, 2007.

[18] 西田京介, 星出高秀, 藤村考, 内山匡. 階層的オートタギング技術とその応用.『情報処理学会論文誌データベース (TOD)』, Vol. 6, No. 1, pp. 29–40, 2013.

[19] 加藤耕太.『Python クローリング&スクレイピング: データ収集・解析のための実践開発ガイド』, 技術評論社, 2017.

[20] 黒橋禎夫.『自然言語処理』, 放送大学教材. 放送大学教育振興会, 2015.

[21] 奥野陽, グラム・ニュービッグ, 萩原正人.『自然言語処理の基本と技術. 仕組みが見えるゼロからわかる』, 翔泳社, 2016.

[22] 工藤拓.『形態素解析の理論と実装（実践・自然言語処理シリーズ第 2 巻／言語処理学会編)』, 近代科学社, 2018.

[23] Taku Kudo, Kaoru Yamamoto, and Yuji Matsumoto. Applying conditional random fields to Japanese morphological analysis. In *Proceedings of the 2004 Conference on Empirical Methods in Natural Language Processing*, EMNLP 2004, pp. 230–237, 2004.

[24] Hajime Morita, Daisuke Kawahara, and Sadao Kurohashi. Morphological analysis for unsegmented languages using recurrent neural network language model. In *Proceedings of the 2015 Conference on Empirical*

Methods in Natural Language Processing, EMNLP 2015, pp. 2292–2297, 2015.

[25] Graham Neubig, Yosuke Nakata, and Shinsuke Mori. Pointwise prediction for robust, adaptable Japanese morphological analysis. In *Proceedings of the 49th Annual Meeting of the Association for Computational Linguistics: Human Language Technologies: Short Papers - Volume 2*, HLT 2011, pp. 529–533, 2011.

[26] 工藤拓, 松本裕治. チャンキングの段階適用による日本語係り受け解析. 『自然言語処理』Vol. 43, No. 6, pp. 1834–1842, 2002.

[27] 河原大輔, 黒橋禎夫. 自動構築した大規模格フレームに基づく構文・格解析の統合的確率モデル.『自然言語処理』, Vol. 14, No. 4, pp. 67–81, 2007.

[28] 橋本力, 黒橋禎夫, 河原大輔, 新里圭司, 永田昌明. 構文・照応・評価情報つきブログコーパスの構築.『自然言語処理』, Vol. 18, No. 2, pp. 175–201, 2011.

[29] Ralph Grishman and Beth Sundheim. Message understanding conference-6: A brief history. In *Proceedings of the 16th International Conference on Computational Linguistics*, COLING 1996, pp. 466–471, 1996.

[30] 関根聡, 江里口善生. IREX-NE の結果と分析.『言語処理学会第 6 回年次大会併設ワークショップ「情報抽出—現状と今後の展望—」』, 2000.

[31] 笹野遼平, 黒橋禎夫. 大域的情報を用いた日本語固有表現認識.『情報処理学会論文誌』, Vol. 49, No. 11, pp. 3765–3776, 2008.

[32] Ryuichiro Higashinaka, Kugatsu Sadamitsu, Kuniko Saito, Toshiro Makino, and Yoshihiro Matsuo. Creating an extended named entity dictionary from wikipedia. In *Proceedings of the 24th International Conference on Computational Linguistics*, COLING 2012, pp. 1163–1178, 2012.

[33] 小林のぞみ, 乾孝司, 乾健太郎. 語釈文を利用した「p/n 辞書」の作成. 人工知能学会言語・音声理解と対話処理研究会 (SULD) 資料, Vol. 33, pp. 45–50, 2001.

[34] 高村大也, 乾孝司, 奥村学. スピンモデルによる単語の感情極性抽出.『情報処理学会論文誌』, Vol. 47, No. 2, pp. 627–637, feb 2006.

[35] 高橋いづみ, 浅野久子, 小林のぞみ, 松尾義博, 菊井玄一郎. 感性表現と単語意味属性を用いた感性情報定量化手法.『言語処理学会第 16 回年次大

会 (NLP2010) 発表論文集』, pp. 162–165, 2010.

[36] Livia Polanyi and Annie Zaenen. *Contextual Valence Shifters*, pp. 1–10. Springer Netherlands, Dordrecht, 2006.

[37] Bo Pang, Lillian Lee, and Shivakumar Vaithyanathan. Thumbs up? sentiment classification using machine learning techniques. In *Proceedings of the 2002 Conference on Empirical Methods in Natural Language Processing*, EMNLP 2002, pp. 79–86, 2002.

[38] 高村大也, 乾孝司, 奥村学. 隠れ変数モデルによる複数語表現の感情極性分類.『情報処理学会論文誌』, Vol. 47, No. 11, pp. 3021–3031, 2006.

[39] Tetsuji Nakagawa, Kentaro Inui, and Sadao Kurohashi. Dependency tree-based sentiment classification using CRFs with hidden variables. In *Human Language Technologies: The 2010 Annual Conference of the North American Chapter of the Association for Computational Linguistics*, HLT '10, pp. 786–794, 2010.

[40] 斉藤いつみ, 貞光九月, 浅野久子, 松尾義博. 文字列正規化パタンの獲得と崩れ表記正規化に基づく日本語形態素解析.『自然言語処理』, Vol. 24, No. 2, pp. 297–314, 2017.

[41] Kevin Knight and Jonathan Graehl. Machine transliteration. *Computational Linguistics*, Vol. 24, No. 4, pp. 599–612, 1998.

[42] 齋藤邦子, 篠原章夫, 永田昌明, 小原永. 音声制御ブラウザ vcweb の英日シームレス化.『人工知能学会論文誌』, Vol. 17, No. 3, pp. 343–347, 2002.

[43] goo ラボ 語句類似度算出 API. <https://labs.goo.ne.jp/api/jp/word-similarity/>.

[44] 松尾義博, 小林のぞみ, 平野徹, 高橋いづみ. Web2.0 時代の名寄せを実現する固有表現グラウンディング技術.『NTT 技術ジャーナル』, No. 6, pp. 16–19, 2008.

[45] 内海慶, 小町守. ウェブ検索クエリログとクリックスルーログを用いた同義語獲得.『情報処理学会論文誌データベース (TOD)』, Vol. 6, No. 1, pp. 16–28, 2013.

[46] 別所克人, 内山俊郎, 内山匡, 片岡良治, 奥雅博. 単語・意味属性間共起に基づくコーパス概念ベースの生成方式.『情報処理学会論文誌』, Vol. 49, No. 12, pp. 3997–4006, 2008.

[47] 平野徹, 松尾義博, 菊井玄一郎. 文脈的素性を用いた固有表現間の関係性判定.『自然言語処理』, Vol. 15, No. 4, pp. 43–58, 2008.

[48] 池原悟, 宮崎正弘, 白井諭, 横尾昭男, 中岩浩巳, 小倉健太郎, 大山芳史, 林良彦.『日本語語彙大系』, 岩波書店, 1997.

[49] 山田泰寛, 池田大輔, 坂本比呂志, 有村博紀. Www からの情報抽出：Web ラッパーの自動構築 (〈特集〉www 上の情報の知的アクセスのためのテキスト処理).『人工知能学会誌』, Vol. 19, No. 3, pp. 302–310, may 2004.

[50] 平野徹, 牧野俊朗, 松尾義博. Markov Logic を用いたテキストからのユーザ属性推定.『人工知能学会全国大会論文集』, Vol. 27, pp. 1–4, 2013.

[51] 平野徹, 牧野俊朗, 松尾義博. Consumer Generated Media からの購入商品推定.『言語処理学会第 18 回年次大会 (NLP2012) 発表論文集』, pp. 187–190, 2012.

[52] Tomoko Izumi, Kenji Imamura, Genichiro Kikui, and Satoshi Sato. Standardizing complex functional expressions in Japanese predicates: Applying theoretically-based paraphrasing rules. In *Proceedings of the 23rd International Conference on Computational Linguistics*, COLING 2010, pp. 64–72, 2010.

[53] 松吉俊, 佐藤理史, 宇津呂武仁. 日本語機能表現辞書の編纂.『自然言語処理』, Vol. 14, No. 5, pp. 123–146, 2007.

[54] 今村賢治, 泉朋子, 菊井玄一郎, 佐藤理史. 述部機能表現の意味ラベルタガー.『言語処理学会第 17 回年次大会 (NLP2011) 発表論文集』, pp. 308–311, 2011.

[55] 高村大也, 奥村学. 最大被覆問題とその変種による文書要約モデル.『人工知能学会論文誌』, Vol. 23, No. 6, pp. 505–513, 2008.

[56] 西川仁, 平尾努, 牧野俊朗, 松尾義博, 松本裕治. 冗長性制約付きナップサック問題に基づく複数文書要約モデル.『自然言語処理』, Vol. 20, No. 4, pp. 585–612, 2013.

[57] 西川仁, 長谷川隆明, 松尾義博, 菊井玄一郎. 文の選択と順序付けを同時に行う評価文書要約モデル.『人工知能学会論文誌』, Vol. 28, No. 1, pp. 88–99, 2013.

[58] goo ラボ 商品評判要約 API. <https://labs.goo.ne.jp/api/jp/product-review-summarization/>.

[59] 西川仁, 長谷川隆明, 松尾義博, 菊井玄一郎. 文の内容性と連接性を目的関数とする複数の評価文書の要約.『言語処理学会第 16 回年次大会 (NLP2010) 発表論文集』, pp. 39–42, 2010.

[60] 宮崎千明, 平野徹, 東中竜一郎, 牧野俊朗, 松尾義博, 佐藤理史. 文節機能

部の確率的書き換えによる言語表現のキャラクタ性変換.『人工知能学会論文誌』, Vol. 31, No. 1, 2016.

[61] 佐藤理史.『言語処理システムをつくる（実践・自然言語処理シリーズ 第1巻/言語処理学会編）』, 近代科学社, 2017.

[62] 笠原要, 松澤和光, 石川勉. 国語辞書を利用した日常語の類似性判別.『情報処理学会論文誌』, Vol. 38, No. 7, pp. 1272–1283, 1997.

[63] Tomas Mikolov, Kai Chen, Greg Corrado, and Jeffrey Dean. Efficient estimation of word representations in vector space. arXiv: 1301.3781[cs.CL], 2013.

[64] 徳永健伸.『情報検索と言語処理』, 東京大学出版会, 1999.

[65] 富田準二, 松尾義博, 福田浩章, 山本喜一. 大規模データを対象とした文書情報集約データベースと評判分析サービスにおける検証.『電子情報通信学会論文誌D』, Vol. J95-D, No. 2, pp. 250–263, 2012.

[66] 三末和男, 渡部勇. テキストマイニングのための連想関係の可視化技術. 情報処理学会研究報告 情報学基礎 (1999-FI-55), 1999.

[67] 言語処理学会.「災害情報と言語処理」特集号.『自然言語処理』, Vol. 20, No. 3, 2013.

[68] 高村大也.『言語処理のための機械学習入門（自然言語処理シリーズ）』, コロナ社, 7 2010.

索 引

【数字・欧文】

0-1 ナップサック問題, 92

AIDMA, 5

AISAS, 5

AISCEAS, 5

API, 23

Backus-Naur Form, 121

bag-of-words, 27, 30

BI ツール, 162

BNF 形式, 121

Business Intelligence ツール, 162

CaboCha, 53

CGM, v, 1, 19, 35, 63, 68

ChaSen, 53

CMS, 50

Conditional Random Field, 174

Content Management System, 50

CRF, 174

DataBase Management System, 116

DBMS, 116

detag, 51, 52

duplicate, 27

EC サイト, 1, 6, 9, 20, 26

Hidden Markov Model, 174

HMM, 174

HTML, 49

IOB2, 174

Jaccard 係数, 28

JSON, 49

JUMAN, 53

KNP, 53

KyTea, 53

Levenshtein 距離, 71, 109

LIKE, 126

link popularity, 4

locality sensitive hashing, 29

LSH, 29

MeCab, 53

minhash, 29

near-duplicate, 28

NEologd, 63

n-gram, 27

OSS, 164

POS データ, 45

Q&A サイト, 8, 21

Query Expansion, 108

RDB, 101

RDBMS, 116

RDF, 24, 49

Relational DataBase Management System, 116

RSS, 24

RSS フィード, 14, 23, 24

SEO, 25

shingle, 29

simhash, 30

sketch, 29

splog, 25

suffix array, 31
SVM, 173
tf-idf, 75, 92
tf-idf 法, 113
transliteration, 69
URL, 43
word2vec, 74, 109
XML, 50, 123

【あ行】
愛称, 69, 72
あいまい性, 75
アダルト表現, 78
アノテーション, 64
アフィリエイト, 26, 27
アンカーテキスト, 27, 72
アンケート, 2, 80
言い換え, 99
意思決定, 2, 7
依存構造, 53
一覧表, 88
異表記, 63
意味分類, 79
意味ラベルタガー, 88
印象, 36, 39
インフルエンサー, 11, 168
引用, 28, 31
インライン要素, 51
ウィキ, 20
ウィキペディア, 31, 32, 63
ウェブ検索システム, 13
ウェブサーチエンジン, 30
内訳, 110
埋め込み表現, 74
円グラフ, 141
炎上, 78
オートマトン, 55, 58
音類似, 70

オノマトペ, 65
帯グラフ, 139
オープンソース, 49, 53
オープンライセンス, 32
折れ線グラフ, 143
音声合成, 70

【か行】
改行, 51
カイ二乗値, 111
概念単位, 93
概念ベース, 109
外部キー, 119
概要, 24
外来語, 69
係り受け解析, 53, 173
係り受け構造, 53
格情報, 61
核表現, 57
隠れマルコフモデル, 174
加算スムージング, 112
可視化, 85, 133
可視化ライブラリ, 162
箇条書き行頭文字, 52
仮想テーブル, 119
活用形, 53
仮定, 57
カテゴリ, 43
感情, 36, 40
感情表現, 38, 40
感性, 39
感性表現, 38, 39
感性分析, 39
完全一致, 107
関連語マップ表示, 158
木構造, 53, 133
記事, 35
擬態語, 65

機能表現, 88
機能表現辞書, 88
木の走査, 128
規範的, 70
逆文書頻度, 92
キュレーションサービス, 10
強調子, 66
協調フィルタリング, 6
行頭文字, 52
局所性鋭敏型ハッシュ, 28
極性, 38, 57, 59, 66, 97
極性不明, 38
極性変化子, 66
キーワード, 85
近接条件, 60
クエリ拡張, 108
クエリログ, 72
くだけた表現, 11, 13
クチコミ, v
クチコミ情報テーブル, 104
クチコミ情報レコード, 104
クチコミ分析システム, vii
句点, 51
句読点, 51
組合せ最適化, 92
クラス, 174
クラス推定, 59
クラスタラベリング, 89
クラスタリング, 4, 74, 75, 89
クリエイティブ・コモンズ, 32
クリーネスター, 58
グループ化関数, 121
グループ化条件, 121
グループ化処理, 106
クロス集計, 35
クローラー, 13, 23, 25
掲示板, 19
形態素解析, 53, 173

形容詞, 64
形容動詞, 64
系列ラベリング, 52, 55, 59, 61, 173
結合, 104
原典, 31
権利関係, 23, 31
権利処理, 32
校閲, 51
広告, 26, 31, 50
広告効果, 3
広告制作会社, 3
広告宣伝, 2
広告枠, 3
構造化, 35
構造化情報, 49
購買行動, 26
好評度, 112
構文解析, 53
構文木, 60, 61
構文情報, 61
候補文集合, 91
語幹, 56
顧客, 2
コサイン類似度, 28
個人性, 99
誤抽出, 63
コーパス, 65
コピペ, 26
コピペブログ, 28
コミュニケーション, 21
固有表現, 27, 55, 173
固有表現抽出, 55
コンテンツ管理システム, 50

【さ行】

再帰呼出し, 128
サイコグラフィック, 41
最大被覆問題, 93, 175

最適化問題, 95, 174
サーベイ分析, 156
差別語, 78
参照関係, 99
散布図, 85, 88
散布図表示, 156
視覚的な要素, 136
軸ラベル, 85, 89
時系列クチコミ推移グラフ, 141
時系列クチコミタグクラウド, 147
時系列集計, 35
時系列話題度比較グラフ, 143
指示語, 96
市場センチメント, 169
市場調査, 41
辞書語釈文, 65
事前レコード生成, 117
シソーラス, 65
視聴率, 3
実言本, 63
実数, 138
実テーブル, 119
執筆日時, 43
指標値, 134
絞込み語, 76
集計, 11
集計関数, 122
集計処理, 106
終止形, 87
重複投稿, 26, 28
集約, 11
重要度, 112
主観情報, 102
主観情報タグ, 87
主観表現, 38, 63, 76, 86, 87
主観表現辞書, 62, 63
主題, 20, 43, 77
述部, 88

巡回セールスマン問題, 98
照応, 21
条件付き確率場, 174
冗長, 93
消費行動, 5
消費者, 1, 25, 35
消費者行動, 25
消費者コミュニケーション, 3
消費者情報, 80
消費者生成メディア, v, 35
消費者属性, 22, 41
消費者ナビゲーション, 78
商品, 2, 55
商品企画部門, 44
商品供給者, 26
商品名リスト, 63
商品分類, 44
商品流通, 9
商品レビュー, 9
情報抽出, 49, 55
商用利用, 33
書誌的事項, 43
シリアライズ, 58, 61, 123
シングル, 29
心的状態, 36
信憑性, 169
人物, 55
スクレイピング, 12, 15, 49
スケッチ, 29
スニペット, 155
スパマー, 27
スパム, 25, 97
スパム記事, 26
スパムフィルター, 26
スパムメール, 26
スプログ, 25
スペック, 42
スムージング, 112

正解データ, 55
正規表現, 57, 61
生成型要約, 91
セグメント, 81
接辞, 57
接続詞, 96
接頭辞, 55
接尾辞配列, 31
ゼロ代名詞, 77
ゼロ頻度問題, 112
選挙, 7
選択条件, 121
選択処理, 106
センチメント, 36, 86, 96
センチメント記述, 36
センチメントタプル, 38, 96
相互情報量, 89, 115
相対頻度, 111
即時処理, 116
属性, 38, 60, 76, 86, 173
属性クラス, 39
属性体系, 60
属性名, 89
属性表現, 39, 60, 87
側面, 39
ソーシャルタグ, 44

【た行】
体験, 40
対象物, 35, 76, 86
対象物辞書, 62
対象物属性, 38, 60
対象物名タグ, 86
タイトル, 24, 43, 49
代表表記, 86, 89
タイムライン, 20
タイムリー性, 11
対話型, 21

タグ, 43
タグクラウド, 56, 85
単語頻度, 75
単語列, 53, 54
短文サイト, 19
段落タグ, 51
チャンキング, 54, 59, 174
チャンク, 59
抽出型要約, 91
長音, 69
超過子, 66
超平面, 30
直列化, 123
著作権法, 32
著者, 36, 43
著者情報, 173
著者属性, 22
ツイッター, 20
つつじ, 88
つぶやき, 22
積み上げ棒グラフ, 139
ツリー表示, 151
ディメンション, 136
テキスト解析, 49
テキストマイニング, 11
テキスト要約, 91
適正価格, 45
テーマ, 20
デモグラフィック, 41
テレビ CM, 3
テンプレート, 50
同義語, 74
統計数値表, 115
頭字語, 71
同値性, 70
同値判定器, 71
動的計画法, 71
動的レコード補完, 117

特異値分解, 74
特定少数, 22
匿名, 22, 81
トークン, 173
トピックモデル, 74, 75
トライ木, 55
トラックバック, 21
ドリルダウン, 164
トレンド分析, 3
貪欲法, 99

【な行】
内的参照価格, 45
内容スコア, 95
ナップサック制約付最大被覆問題, 93
ナップサック問題, 92
二次著作物, 33
二重主語構文, 61
ニュアンス, 56
ニュース, 31
ニューラルネット, 169
認知度, 25, 26
ネット通販, 5
ネットワーク構造, 133
ネットワーク図, 103
ネットワーク表示, 156

【は行】
配信 API, 24
配信サイト, 43
配信日時, 94
媒体, 1
ハイパーリンク, 4, 14, 25, 51
ハガ構文, 61
ハッシュ, 28, 55
バブルチャート, 158
ハンドル名, 22
販売店, 20

比較軸, 98
比較分析, 42
否定, 57
否定子, 66
備忘録, 20
評価, 36, 37
評価極性, 63, 65
評価度合, 38
評価表現, 27, 38, 56, 173
評価表現辞書, 56, 59
評価表現抽出パタン, 57
表記揺れ, 69
表計算ソフト, 162
表表示, 151
品詞, 53, 173
フィンガープリント, 30
フォント指定, 51
深さ優先探索, 127
副詞, 57
複数文書要約, 91
複製ページ, 27
付属語, 57, 87
不適切, 78
不特定多数, 22
部分一致, 107
部分クチコミ情報レコード, 117
ブラックリスト, 27, 79
ブログ, 19, 32
プロフィール, 22, 80, 173
文, 51, 91
文境界, 51
分散表現, 74, 75
文書分類, 75
文書分類器, 26, 44
文節, 53
文体, 99
文短縮, 99
分布仮説, 74

文法属性, 53
文脈情報, 154
分野, 43, 75
分類器, 173
ベクトル間距離, 74
ヘッダー, 50
別名, 72
編集距離, 71, 109
棒グラフ, 140
翻字, 69
本文, 49, 173
本文抽出, 49, 52

【ま行】

マーケット分析, 23
マーケティング, 1, 41
マーケティング部門, 44
まとめサイト, 10
マルコフモデル, 94
マルチポスト, 26
見出し行, 85, 89
メーカー, 1
メジャー, 136
メタデータ, 24, 77
メタ文字, 52
メディア, 1, 9, 19
メニュー, 50
面グラフ, 142
メンション, 21
免責条項, 78
モノローグ, 21
モーラ, 72

【や行】

有意水準, 115
有向グラフ, 94
有向辺, 94
ユーザーレビュー, 7
用言, 56
要約, 9, 33, 85, 90
世論調査, 41
世論分析, 7

【ら行】

ラッパーインダクション, 81
ラベル, 173
ランキング表示, 146
略語, 69, 71
流通, 9, 44
流通者, 26
流通状況, 45
量化演算子, 58
利用規約, 32
リレーショナルデータベース, 101
リンク情報, 50
リンク人気度, 4
類義語, 74
類義語辞書, 74
レーダーチャート, 89, 139
レビュー記事, 5
レビューサイト, 19, 20, 32
連接スコア, 94, 95, 98
連接特徴, 98
ログイン, 22

【わ行】

割合, 138

著者紹介

松尾義博 （まつお よしひろ）
1990 年　大阪大学大学院 理学研究科 物理学専攻 博士前期課程修了
1990 年　日本電信電話株式会社 研究開発技術本部
2017 年　NTT アドバンステクノロジ株式会社 主席技師
　　　　　現在に至る

富田準二 （とみた じゅんじ）
1997 年　慶應義塾大学大学院 理工学研究科 計算機科学専攻 修士課程修了
1997 年　日本電信電話株式会社
2005 年　米国ワシントン大学客員研究員
2006 年　NTT レゾナント株式会社
2012 年　慶應義塾大学大学院 理工学研究科 開放環境科学専攻 後期博士課程修了 博士（工学）
2017 年　日本電信電話株式会社 メディアインテリジェンス研究所
　　　　　現在に至る

言語処理学会のご案内

　言語処理学会（英文名：The Association for Natural Language Processing, 略称 ANLP）は，言語処理および計算言語学に関する学際的学問研究の促進をはかり，会員相互間および内外の関連学協会との交流の場を提供し，この分野の学問および産業の進歩発展に貢献することを目的とする学会です．1994 年 4 月 1 日に設立され，2015 年 4 月 1 日に一般社団法人言語処理学会となりました．その主な活動は，会誌『自然言語処理』の発行（年 4 回）と，年次大会（原則として 3 月）の開催です．

　言語処理学会，および，会誌『自然言語処理』に関する最新情報は，下記のウェブページに掲載されています．

学会ホームページ	http://www.anlp.jp/
入会案内	http://www.anlp.jp/guide/admission.html
会誌『自然言語処理』	http://www.anlp.jp/guide/index.html
原稿執筆案内	http://www.anlp.jp/guide/guideline.html

実践・自然言語処理シリーズ
第 6 巻　クチコミ分析システムの作り方
© 2019　Yoshihiro Matsuo　Junji Tomita
Printed in Japan

2019 年 6 月 30 日　初版第 1 刷発行

著　者　**松 尾 義 博**

　　　　富 田 準 二

発行者　**井 芹 昌 信**

発行所　株式会社 **近代科学社**

〒 162-0843　東京都新宿区市谷田町 2-7-15
電話 03-3260-6161　　振替　00160-5-7625
https://www.kindaikagaku.co.jp

加藤文明社　　　　　　　ISBN978-4-7649-0591-7
定価はカバーに表示してあります．